Poser nue à La Havane

Anaïs Nin à Cuba

DU MÊME AUTEUR
AUX ÉDITIONS STOCK

Tout le monde s'en va

Mère Cuba

La Cosmopolite

Wendy Guerra

Poser nue à La Havane

Anaïs Nin à Cuba

Traduit de l'espagnol (Cuba)
par Marianne Millon

Stock

TITRE ORIGINAL :
Posar desnuda en La Habana
Anaïs Nin en Cuba

ISBN 978-2-234-06440-9

Note de l'éditeur

Poser nue à La Havane est un journal apocryphe.

Les textes en romain sont de l'invention de Wendy Guerra.

Les textes en italique sont des extraits des *Journaux* d'Anaïs Nin, pour la plupart traduits de l'anglais par Béatrice Commengé.

NOTE DE L'AUTEUR

L'obsession de rencontrer Anaïs Nin m'a poussée à la chercher dans des archives poussiéreuses et sur des cartes traçant des itinéraires perdus ; après les présages de lecteurs, d'auteurs et de visiteurs qui l'avaient eux aussi imaginée évoluant à La Havane, elle m'a fait signe.

J'ai retrouvé sa maison, ses documents, j'ai projeté un apocryphe de ses lignes vides à partir de ce cahier original conservé à UCLA, un journal quasi vierge que je réécris aujourd'hui de mémoire, les yeux clos et le poignet ferme.

J'étais orientée par ses références insulaires, l'inceste, le sentiment de perte et l'opium que renferme son écriture. Possédée par ses témoignages. Nous vivions à des époques différentes, mais nous avons fini par nous retrouver à La Havane.

Tout ce que je devine peut être vrai et c'est pour moi le meilleur des dangers possibles : la parcourir sur le corps de mon journal cubain.

1922 – 1923 ANAÏS NIN À CUBA

Journal apocryphe

De dix-neuf à vingt ans

À Mercedes

1922

VOYAGE SUR LE VAPEUR *NEW YORK*

Cher Journal :

Je viens toujours tard à ce qui me fascine.

Quand je pourrai voyager en première classe, ça ne m'intéressera plus. Je suis comme ça.

Lorsque je dormirai en première, je me réveillerai en sursaut en imaginant que je rate quelque chose qui est en train de se passer en seconde. Je ne me remettrai pas de cette crise de liberté. Pour l'instant, la première classe représente un tiroir interdit, plein de bijoux et de vanité. C'est moi qui navigue en bas, scrutant le ciel noir avec opiniâtreté.

Je ne me soucie pas de la mer car je vogue déjà sur elle. Je me rappelle l'hiver où j'ai fait du patin à glace avec Joaquínito, jours d'apprentissage, tomber et se relever. Quand j'ai appris à patiner, la glace m'ennuyait déjà, aussi tranchante et instable que cette infinité océane. Aujourd'hui Joaquín n'est plus à mes côtés, je ne peux pas m'accrocher à lui, ni lui donner d'indications, le dominer ou nous stabiliser pendant le trajet. Je n'ai que moi. Je pleure sur la mer, et celle-ci n'en a cure ; je vomis sur elle qui a tôt fait de se nourrir de ce que mon corps ne parvient pas à retenir. Elle m'ignore, moi aussi, car il n'y a rien de plus plat et insipide qu'un de mes textes pensés en mer.

J'aime jouer à l'oublier, peu de gens peuvent l'ignorer, surtout les jours lumineux. L'exercice est certainement trop beau pour ne pas y sacrifier. Vaniteux élément liquide qui nous éloigne ou nous découvre.

Je m'attendais à un Journal d'Hugo, truffé de facilités destinées à son langage d'homme raffiné mais simple, or je constate que non, il sera plus intéressant : Le Journal de Cuba. Hugo ne fait pas acte de présence sur ce bateau, il n'existe pas, n'apparaît pas et, sans vouloir l'offenser, je ne réponds pas à qui ne m'est pas reconnaissant de mes mots. Chacun des termes que j'ai appris m'a étonnée et fait sursauter, je n'en possède pas au point de les rejeter à la mer à cette rapidité déconcertante.

Écrire en anglais a constitué une façon de tourner le dos au français infantile et candide de mes parents, au castillan succinct qui m'a bercée dans une autre vie, ce couffin dont je me souviens à peine et vers lequel je retourne aujourd'hui. Je les entends chanter ou discuter en rêve. Je viens sonder mon drame, rincer cette mémoire qui ne me laisse pas de repos, qui ne me lâche pas, ourlée d'accents mystérieux.

Je suis disposée à poursuivre ce voyage quitte à trouver la douleur dans la fuite. J'aime cette douleur parce que j'ai besoin d'elle, je la capture avec le filet à papillons telle une partie intégrante de la guérison.

Ni mes tantes, ni mes cousins, ni même Eduardo ne pourront empêcher ce changement de peau. Je parlerai dans l'espagnol oublié et je reviendrai vers moi coûte que coûte.

J'apprends à reconnaître les marques de transgression. La fine lame que la ligne de flottaison laisse entrevoir au-dessus de l'eau, ou en dessous si l'embarcation est lourdement chargée. Chargée de doutes, de questions. Je suis un fardeau de douleur en marche.

Face aux plus grands dangers de cette traversée avec moi-même, tout ce qui me tend et me pousse, ce sont la peur fabuleuse, le chatouillis dans le ventre, les vertiges quand je m'échappe en filant sous l'auvent comme si je glissais. J'évolue sur le fil enduit de cire qui délimite l'espace entre eux et moi. Je saute par-dessus les barres en fer qui séparent la première classe de la deuxième, et qui n'ont rien d'infranchissable, mais que les passagers respectent avec une solennité intrigante.

Les voyageurs de la première classe ne recherchent pas ceux de la seconde, ne serait-ce que par curiosité.

L'orgueil empêche ceux de la seconde de fureter dans les espaces de ce qu'ils auraient pu être.

Je me suis infiltrée en haut pendant le petit déjeuner, je devine que cette partie vient d'être restaurée à sa *touche**[1] irrésistible, à l'odeur de vanille et de neuf. Tout est net et brillant. On m'a servi des petits pains chauds sans oser me demander mon nom, encore moins vérifier mon statut ; mes yeux clairs se défendaient bien au milieu de tous ces yeux noirs fuyants. J'ai constaté que beaucoup de gens sont seuls à table et parlent tout seuls. Leurs lunettes et leurs demi-sourires révèlent de la tristesse.

Je ne demande rien, le personnel sait ce qu'il doit disposer sur la table. J'utilise les couverts à bon escient et l'on finit par reconnaître que je mérite ce que j'ingurgite.

Il est cynique de compartimenter les personnes comme des bêtes au zoo. Mais nous allons ainsi dans nos cages, certains sont conservés comme des papillons de luxe dans du filigrane doré, et d'autres comme des chenilles serrées dans des sacs exigus et humides.

Si je tente de dormir, la mer me harcèle, je me rappelle le danger constant quand elle bat à contre-courant de nos forces.

Celui qui croit dompter la mer se trompe. Ceux d'entre nous qui cherchent le sommeil en bas

1. Les termes suivis d'un astérisque sont en français dans le texte.

connaissent le véritable prix de ce voyage, ceux qui jouent aux cartes en haut dissimulent, feignent de ne pas remarquer un verre de vin renversé sur une nappe en lin. L'annonce de la tempête au centre du tourbillon indomptable. Je l'admets et batifole, j'y pense et j'oublie. Il s'agit là d'une coquetterie fondamentale afin de parvenir sereine à destination.

À quel point cette dernière m'intéresse-t-elle ? Cuba, c'est… Père. Lorsque j'ai voulu m'y rendre pour Lui, nous étions à Paris, j'arrive à Cuba et le voilà parti pour la France avec Maruja. Hugo se trouve actuellement à Paris lui aussi. Ils se trouvent peut-être dans un petit café et boivent un verre ensemble après un concert sans savoir qui ils sont. Je viens toujours tard à mes préférences, et quand je m'agenouille devant elles je vois qu'il est trop tard, je le vois clairement, je ne me trompe pas et me lève pour continuer, sans autre solution que de chercher un nouveau besoin.

Ce ne sont que des prétextes visant à me déplacer par le biais du pont instable de ces voyages vers le désir.

Ce soir, j'ai dîné isolée dans ma coquette cabine, promontoire argenté qui conserve nécessairement l'arôme de mon oreiller aux fleurs étranges, et qui commence à me ressembler. Au moment où je m'habitue à un lieu, il me faut le quitter. Aujourd'hui, je ne me suis pas changée pour monter dîner.

La tempête redouble et, comme tout le monde, nous restons enfermés, j'ai mangé sur place des légumes flétris cuits à la vapeur et bu un verre de lait avant d'aller me coucher.

Tout m'arrive froid et tard, mais je ne proteste pas, je préfère qu'on oublie mon visage, il doit passer inaperçu, insoupçonné, de la première à la deuxième classe. Je peux feindre d'être unique mais, en réalité, tu le sais, je suis une femme ordinaire aux intentions extravagantes.

Notes secrètes à Hugo

Oui, je crois en mon atmosphère parfaite, l'arôme initial, le spasme original et pur, celui des lilas. Leur couleur et leur odeur tourmentée, distillée, huiles d'un raffinement et d'une harmonie extrêmes. Les lilas, mon atmosphère, ma bulle, ma coquille, mon séjour supérieur.

J'écris, j'écris comme s'il grêlait, et c'est de l'essence, c'est le riz des fiancés qui pleut sur le papier, l'encre dérape et s'écrase contre les grains, pendant que je m'épanche en larmes lilas.

L'humidité de ce climat apporte un épais manteau de sel avec le lilas ; je m'y réfugie et apprends à me relire sans pudeur. Je ferme les yeux : violent, violet, violacé, nacré et bizarre, c'est ainsi que je te décris, complexe, comme un dessin impénétrable. Je n'obtiens pas de retouche plus humaine, et c'est ainsi que je te vois et te nomme Hugo, flirtant avec les vérités, cherchant leurs bords rigides.

Mon autoportrait, lui, jaillit d'un trait, sobre, pour écrire je m'allonge sur les draps couleur lilas et mes bas m'évitent de sentir le tremblement récurrent de mes pieds. Je dessine chaque lettre sans omettre un détail, avec la précision consistant à photographier des mots qui guettent, appellent sous l'effet intense des lilas répandus.

Parfois, l'air est palpable et je ne veux pas arriver. Pas encore.

Si tu n'es pas sur le quai, si je fais le voyage contraire à celui que réclame mon corps, pourquoi un élan m'a-t-il poussée vers la rive ? Maintenant je lâche les lignes, je les laisse, je les abandonne sans ménagement, personne ne va me lire. Je suis si seule.

Les lilas et moi arrivons un peu amaigris, enveloppés dans un cocon de tulle capitonné, enveloppés, d'où émanent foi et nostalgie, c'est ainsi que nous arrivons, les lilas et moi.

Que fais-je ici ? Je retourne en arrière. Je cherche la réponse dans le Journal.

Notes de janvier...

Maman a écrit à Tia Anaïs pour demander si je pouvais aller à La Havane. Les fiançailles de Cuca sont un événement. Comme j'ai souvent prié pour son bonheur ! Et pourtant ce mariage me paraît un mariage de raison, non d'amour. Dans une vie aussi vide que la sienne, le mariage est une obligation. Comme jeune fille de la bonne société, sa vie serait considérée comme un échec, si elle ne se mariait pas. J'espère que je me trompe.

Ces jours-ci, le monde me semble rempli d'amour. Ou bien, peut-être, ce sont mes yeux qui sont remplis d'amour et voient l'amour partout. Tout d'abord, Bernabé et sa jeune femme, puis Cuca. Notre propre bonne, Amparo, reçoit des lettres, des visites, des messages téléphoniques qui la plongent dans un état second. Belica, bien que secrète, a des projets et arbore un sourire mystérieux chaque fois qu'on mentionne Hernandez. Dans les livres, les pièces de théâtre, les films, dans les rues, dans les parcs – partout, je vois de l'amour, de la romance, et cela me rend songeuse et nostalgique. Pour moi, La Havane signifie le...

3 heures de l'après-midi. Tu ne sauras jamais ce que La Havane signifie pour moi !

17 septembre

Cher Papa :

J'ai hésité longtemps avant de répondre à ta lettre, parce que ce que j'ai à te dire va te faire mal. Avant tout, je veux que tu saches que, malgré l'amour que j'ai pour toi, je suis obligée de te dire la triste vérité.

Ton désir de nous revoir ne peut se réaliser, du moins pas de la façon dont tu penses. Après toutes les années que Maman a passées à se battre pour nous, écrasée sous le poids des responsabilités et des soucis, elle est aujourd'hui épuisée, mais récompensée. Thorvald et moi sommes maintenant arrivés à un âge où nous pouvons joindre nos forces aux siennes, et nous travaillons pour faire vivre cette famille que tu as créée et que tu aurais dû faire vivre. Tu ne t'es jamais rendu compte que tes enfants souffriraient autant, privés de tant de choses, que leurs vies s'écouleraient dans le besoin, les sacrifices et les difficultés – à cause de toi, par ta seule faute. Nous ne nous sommes jamais plaints. Nous ne nous sommes jamais dit en voyant les pères des autres : pourquoi notre père ne travaille-t-il pas pour nous ? Pourquoi notre père ne nous donne-t-il pas ce que les autres pères donnent à leurs enfants ?

Non. Nous ne nous sommes jamais plaints parce que notre mère nous a donné tout ce qu'elle pouvait, nous montrant que l'on pouvait être heureux avec ça.

Jamais elle ne nous a fait sentir le grand vide que tu as laissé, en nous privant de tout ce que tu nous devais, à nous, tes enfants. Grâce à son grand courage, sa force, son énergie, et aussi par sa tendresse et son intelligence – où les enfants puisent l'oxygène nécessaire à la vie –, notre mère a pu remplacer ton devoir, ta présence, ton influence.

L'homme qui cesse de soutenir son foyer est comme le créateur qui abandonne son œuvre... et la perd.

Aujourd'hui que Thorvald est un jeune homme et moi une femme, nous pouvons enfin partager le fardeau. Et c'est maintenant que tu nous demandes de venir. Allons-nous laisser notre mère, au moment où elle a besoin de notre aide et de notre énergie ? Mille fois non !

Nous accomplissons la tâche que tu n'as pas accomplie. Grâce aux forces de notre jeunesse, nous payons le prix d'un devoir auquel tu t'es soustrait.

Ton fils a dû sacrifier son rêve le plus cher. Il a terminé ses études avec les plus grands honneurs, et même avec un prix qui lui aurait permis d'entrer dans une école spéciale d'ingénieurs. Au lieu de cela, il travaille, déjà esclave, alors qu'il devrait être en train d'étudier et de s'amuser. Alors qu'il devrait mener la vie d'un jeune homme, il mène déjà une vie d'homme. Si jeune !

De plus, ta fille est fiancée.

Si tout cela te semble dur, oh ! Papa ! pense à toute la peine que j'ai éprouvée en prenant peu à peu conscience de toutes tes fautes envers nous. Toute notre enfance a été assombrie par toi. Et notre jeunesse est dure, difficile, triste, à cause de toi.

C'est tout ce que j'ai à te dire. Si tu comprends, tant mieux. Sinon, rien de ce que je pourrais ajouter ne t'aidera à comprendre quelque chose qui dépend de ta conception de la Justice.

Ta fille qui souffre pour toi et avec toi,

ANAÏS

20 septembre

De retour à ma petite table de travail au milieu des bavardages et de l'effervescence… la seule chose qui n'ait pas changé dans ma vie, et je m'y accroche pour m'assurer que je suis bien réelle et que tout est réel.

Oui. Tu es ici, et la table est ici, et je suis ici, mais le reste du monde, cette image que je contemplais avec tant d'intensité, cet état de choses que je voulais, à toute force, expliquer… qu'en est-il maintenant de tout cela ? Avec la rapidité de l'éclair, le monde me présente un nouveau visage, dans lequel je ne retrouve pas la moindre trace de l'ancien. Que s'est-il passé ? Où suis-je ? Que signifie ce nouveau visage, et pour quelle raison s'est-il soudain tourné entièrement vers moi ?

Je peux déchiffrer sans difficulté le sens de l'ensemble*, l'expression générale, mais pas les détails. Cela se résume à un seul mot, écrit en lettres magiques et flamboyantes : l'occasion.

Tia Antolina m'emmène à Cuba. L'un des rêves de Maman va se réaliser – et grâce à moi. De plus, Tia Antolina se voit enfin offerte l'occasion de rendre à sa sœur tout le bien qu'elle lui a fait.

Je pourrai recouvrer force et santé, dont je manque cruellement en ce moment, et rentrer en meilleure forme pour aider Maman.

Ce grand projet semble plaire à tous ; une seule ombre au tableau : la séparation d'avec Maman, mais elle est la première à la minimiser, et je veux aussi lui prouver que je sais être raisonnable.

Considérons tout ce que cela apporte de bon. Je peux être utile à Tia Antolina, et je peux rendre Maman heureuse. Je peux faire plaisir à Maman par mes succès et ma satisfaction. Je suis libre ; je peux me reposer, m'amuser, et je peux essayer d'acquérir cette gaieté et cette légèreté qui me font défaut par manque de véritable entraînement et par manque (là encore !) d'occasion.

Je ne crois pas qu'un amour puisse être vrai, s'il ne parvient pas, pendant un temps du moins, à atténuer les défauts du Bien-Aimé. Tant que la critique ne s'accompagne pas du pardon, c'est qu'il y a une faille dans le sentiment, et l'on ne peut miser ni sur sa stabilité ni sur sa durée.

En relisant le début de ce cahier, j'ai été frappée par la force de l'amour qui l'a inspiré. Un tel amour peut-il *mourir ? Je me le demande. Un tel amour peut-il être jamais changé ou oublié ?*

Et pourtant... Il me semble que c'est lorsque l'amour est le plus fort et le plus passionné qu'il peut brusquement cesser d'exister si l'objet de cet amour se révèle indigne de lui ou ne répond pas à ses attentes. Un autre amour, plus calme, plus douillet, acceptera d'être déçu, parce qu'il est moins grand. Mais l'autre amour, un amour aussi infini, aussi total et abandonné que celui que j'ai éprouvé, mourra bien plus vite et radicalement si jamais Hugo me déçoit. Et combien de temps peut durer mon amour pour lui, si je critique autant ce qu'il peut faire, sans lui pardonner ? Que Dieu me vienne en aide !

Ce n'est pas que la vie se révèle trop forte pour moi moralement, c'est le fardeau physique de l'existence qui m'abat. Ce que j'éprouve ressemble davantage à une fatigue passagère, et ces derniers jours j'ai compris que je devrais, au moins une fois, accompagner Tia Antolina et me faire à l'idée d'un séjour indéfini à Cuba.

Pourquoi ne suis-je pas aussi forte, ni aussi énergique que tant d'autres ? Pourquoi faut-il que le travail épuise ma résistance au point de menacer ma santé ? Quelqu'un est-il capable de prédire l'issue de ce pas décisif – son influence sur tout mon avenir ? Il pourrait déterminer tout le reste de ma vie ; il pourrait me sauver d'une erreur dangereuse ; il pourrait lever le voile sur ma vie ; il pourrait être à l'origine de beaucoup de regrets – ou de beaucoup de bonheur.

Et pendant ce temps, la pièce continue, interminable, repoussant son final comme le mystère des mystères... Et impossible de nous arrêter pour demander une explication ou pour réfléchir ; nous devons continuer à vivre, encore, et toujours.

Avec quels espoirs, quelle tendresse, et quelle fierté avais-je inscrit sur la première page : « Journal d'une fiancée » ! Et c'est ce même cahier qui contient le départ de Hugo pour l'Europe, et le mien pour Cuba. Lui, en plein milieu de notre première année d'amour, a pu me quitter !

Seul un miracle pourrait rendre possible notre mariage et j'ai d'étranges pressentiments qui me disent que nous sommes séparés non pas pour quelques semaines, ou quelques mois, ou quelques années, mais pour l'éternité.

J'ai été tellement occupée, j'ai si bien rempli chacune de mes heures que je peux dire sans mentir que Hugo ne m'a pas manqué un seul instant.

La semaine dernière j'ai quitté Jaeckel's, où j'ai travaillé seulement une semaine, et depuis, je couds, je raccommode, je crée, je fais les magasins et je prépare les mille et une choses nécessaires à la confection de la garde-robe d'une dame. Je reste auprès de Maman autant que je peux. Et mes sentiments sont un curieux mélange de regret, de désespoir, de gratitude et d'espérance. D'un instant à l'autre, je passe de l'appréhension à l'exultation et à la confiance.

J'ai demandé à Maman un million de fois : es-tu contente de mon projet ? Te rend-il heureuse ? Et elle, ma chère Maman, dit toujours oui, et nous nous embrassons plus tendrement que jamais, sans parler de ce qu'il nous coûte d'imaginer notre séparation.

Ce soir, Joaquín s'est assis au piano et a joué l'accompagnement de Madame Butterfly *(« Un beau jour », etc.), tandis que Maman chantait. Au début, j'ai écouté, admirant la voix de Maman et la beauté des notes, puis la musique a pénétré au plus profond de mon être, et sa mélodie triste et plaintive m'a transpercée. Je m'imaginais à La Havane, si loin de ma petite Maman, loin de Joaquín et de Thorvald… laissant derrière moi ce que j'ai de plus cher au monde, tout ce que cette vieille petite maison renferme entre ses humbles murs, toutes mes joies, tout mon amour, toute ma vie !*

DANS LE TRAIN

(En route pour le bateau vers Cuba)

Dans le train. La nuit. Comme tout me semble étrange, irréel ! Que d'émotions inexprimables emplissent mon cœur, que de pensées confuses me traversent l'esprit, tandis que je suis là à rêver, étendue, avant de m'endormir et d'écrire – car ce n'est qu'en écrivant que je puis m'assurer que tout cela est bien réel.

Je suis en route pour Cuba, pleine du souvenir à la fois triste et chaud de ma petite Maman. La peine que j'ai éprouvée en la quittant, en embrassant son visage fatigué et mouillé de larmes fut bien plus profonde que tout ce que j'avais jamais ressenti, et je sais maintenant avec certitude que mon amour pour Maman est bien plus grand que mon amour pour Hugo et qu'il n'y a rien que je ne ferais pour elle. J'espère que mes petits frères rempliront ma place…

C'était là mon seul chagrin, car cette longue journée de voyage m'a rapprochée de mon aventure, et j'ai passé des heures à imaginer des scènes dans ma tête, à rêver, à fabriquer des histoires et à tisser des contes de fées, mais toujours teintés de modération et de sagesse – et je lutte pour me construire un monde de plus grande tolérance, de plus grande compréhension, et de moins d'illusion.

Et ainsi, au rythme des secousses et des balancements du train, mes rêves et mes espoirs ne sont pas bercés avec plus de douceur que le mouvement et l'évolution de ma nouvelle vie.

(Notes depuis le vapeur)
9 octobre

Pourquoi n'a-t-on pas crié « Terre » ? Longtemps j'ai guetté la côte, puis je me suis lassée, mais je n'aurais jamais cru arriver au port au milieu d'une telle agitation.

J'ai plongé dans le sommeil sans savoir que nous arrivions. Tant de temps à attendre ce miracle et maintenant je touche la ville du doigt, je m'accroche au cercle de pénombre. Je distingue progressivement l'entrée.

Elle a les jambes écartées et sa courte embouchure aqueuse nous conduit à l'intérieur de la poche maternelle. Une forteresse espagnole la défend de l'étranger envers et contre tout. Une brève lumière se penche d'en haut, la sentinelle insomniaque épie.

J'aurais voulu que mon arrivée à Cuba s'apparente à celle des « flappers[1] », j'aurais préféré raccourcir un peu mes jupes, mais je ne peux pas me présenter ainsi devant la famille de ma mère, je ne crois pas. J'ai apporté des robes et des chemises originales, et un costume de bain audacieux. Je prendrai peu à peu mes marques, dans l'immédiat et malgré mes hésitations, la nuit est idéale pour un vêtement chaud. J'avance fièrement dans mon costume cintré en velours vert, la jupe flottant au genou avec un jupon en soie et une fine capote noire, un chapeau vert et noir avec des pierres en cristal polonais serties de fils d'argent. Je contemple l'eau noirâtre, je porte les couleurs que la nuit a abandonnées sur la rive, c'est mon hommage à Cuba, je désire me couvrir de cet étrange dégradé. En fait, je suis venue me perdre dans cette sombre rade vert comme le jais, c'est le moment, mes souliers fourrés touchent la passerelle en bois, qui remonte, et j'émerge d'un saut.

Je donne la main au marin qui me tient fermement lorsque je passe de l'instable versatilité de la mer à la fermeté statique de la terre, je lui donne la main comme si je la tendais à mon père. Il me touche, je

1. Allusion aux jeunes femmes modernes des années 1920 (jupe ou robe courte, coupe à la garçonne...).

le regarde et lui adresse un sourire qui déguise et allège le geste consistant à nous toucher dans la pénombre ; il n'imagine même pas ce que cela signifie pour moi de m'accrocher à sa main.

Je ne supporte pas d'arriver dans une ville éteinte. Quelques lumières couronnent de gaz le bord imprécis de la mer, c'est comme si le lieu qu'elles dissimulent était en guerre. Les diamants épars d'un bracelet se dispersent en vain et s'arrêtent au bord de l'eau, se reflètent timidement, comme si leur luminosité s'éteignait devant le miroir terni par le sel.

Arriver de nuit est cruel. Arriver de nuit, c'est comme se laisser poser un bandeau pour ne pas voir où l'on vous emmène. Marcher à l'aveuglette, en tâtonnant de l'odorat et du toucher, comme un animal qui se défend de la pénombre avec ses autres sens, voilà comment je me déplace sur cette scène laconique.

Je hais tout ce qui est nocturne, je déteste me trouver en situation de ne pas voir où je pose le pied. La Havane palpite, promet, se dilate à mes pieds en glissant sur l'humidité éthérée. Cuba tout entière doit être encore plus loin que ce que je ne peux toucher, elle se prolonge et je sens la profonde immensité m'avaler comme la gueule d'un loup.

Je donne la main au marin, c'est comme si celle de mon père me saisissait, et je saute. Mais je me trompe, la terre n'est pas ferme, elle vibre, c'est une île. Je reste dans la réalité indéfinie. J'agite mon chapeau, je cherche un visage familier, le quai tangue, c'est ma tête qui tourne. Les émanations de pétrole sont très fortes. L'odeur de coquillages et de peinture fraîche me provoque une brûlure que je ne connaissais pas. Cela sent le fruit et le cru, l'eau de Cologne bon marché et mon odeur, moi qui me mélange déjà au salpêtre, me laissant emporter par ce flot sans pouvoir faire autrement.

Je ne vois pas mais je ressens. J'écris comprimée dans la longue file de voyageurs. Le passage de la douane est lent, l'air chaud aussi. Quelqu'un prononce le mot DEUIL en espagnol. C'est la première fois que je comprends quelque chose aussi directement dans cette langue. Je me rends compte qu'être vêtue de noir à mon âge, dans ce lieu, est extravagant, mais que faire, ce n'est que le début.

La file avance, on me demande si je suis mineure, et je réponds par la négative. On me fait également sortir de là et je vois mon cousin Carlos de Cárdenas me faire des signes en costume couleur café, un chapeau entre les mains. Je ne vois personne d'autre. Ou du moins je ne les reconnais pas. On compte mes bagages, on me pose des questions en espagnol qu'on traduit ensuite maladroitement. Je marche sur un sac humide et je parviens juste à regarder mon cousin, éplorée. Je comprends que je suis arrivée et que New York est très loin. Je découvre les bagages et je sens que j'oublie quelque chose. Je cours pour m'échapper et je suis prise entre mon cousin et la vie. Si au moins c'était Eduardo.

Carlos a beaucoup grandi. Le costume est trop clair pour son teint pâle. Je meurs d'indécision ; si je pouvais, je partirais en courant. Mais les contrôles me réveillent et je réponds dans un espagnol encore plus maladroit pour qu'on m'interdise une bonne fois pour toutes de regagner le port que j'ai abandonné. Je signe des documents, une, deux fois. On me rend mes papiers. Je finis par sentir les mains moites de mon cousin saisir les miennes qui ne cessent de trembler.

En chemin, Carlos n'est pas très bavard. Il me regarde attentivement. Le chauffeur épie dans le rétroviseur le trajet de mes larmes dans le vide.

J'ai peur et ce n'est pas un jeu. Ici, il n'y a pas de frontières, et c'est étouffant.

La ville s'est échappée si rapidement. Je me retrouve sur une chaussée bordée de palmiers. Tia Antolina a préparé une surprise, et le reste de la famille a préféré m'attendre à La Finca[1].

Je ne veux pas penser que Père est à Cuba, je crains davantage les désillusions que les accidents. Seule la démence bénie d'Antolina pourrait réunir les deux morceaux brisés en moi.

1. Grande propriété rurale. (*N.d.T.*)

Je ne veux pas me faire d'illusions, je ne sais pas m'en remettre. Les déceptions sont irréversibles.

Les rues sont dénivelées, sombres. Carlos est beau. Il a un profil parfait. Il est si respectueux qu'il ne me demande pas pourquoi je pleure. Il ouvre simplement la vitre arrière et me demande de respirer de l'air frais. L'air est vif, je ne sens plus la chaleur de la baie. Il flotte une odeur de…

– Quisqualier[1], a dit Carlos ; moi, je sens une douce fragrance de fleur d'oranger.

Je distingue des chemins inextricables et sombres. Une forte humidité sur le sol comme si la mer nous poursuivait ; elle monte sur mes pieds, humides à l'intérieur de mes bottes lacées. Tout me fait mal. Cuba, la jalousie et l'absence, la nostalgie. J'ai peur de comprendre ce que dit ma mère : « Je ne suis de nulle part, Anaïs ».

La Finca est tout éclairée et de l'extérieur j'entends le brouhaha délicat.

En fait, je voudrais poser l'oreille sur l'herbe pour écouter les insectes délirer. Me perdre dans la maison ou entrer sans y être reçue. Je pourrai peut-être m'installer dans l'harmonie sans avoir à déchirer cette toile qui m'emprisonne. Le cœur ne sait que me dire. J'écoute tant de ses raisons.

1. Arbuste grimpant à feuilles persistantes, aux fleurs très odorantes d'un rose rouge. (*N.d.T.*)

TUMBA FRANCESA[1]

La Finca était une perle oubliée dans le feuillage. On entendait les voix de loin et les bruits n'étaient que rythmes continus, mêlés aux sons du tambour, du cristal et des rires étincelants.

C'est d'abord la lumière qui m'a aveuglée, puis le son m'a heurtée, et l'odeur m'entraînait depuis la chaussée de palmiers qui m'a conduite ici.

L'automobile a effectué un tour pour ne pas abîmer le jardin avant de regagner le chemin. En cercle, nous sommes parvenus dans une pièce plus éclairée où se trouvait Tia Antolina, portant un châle de laine et une robe foncée à pois blancs. Coquito et Antolinita, Cuca, Graciela, Juana, Lolita et Nunita, Felo, Gilbert,

1. La tumba francesa est un type de danse, mêlant chant en *patua francés* et jeu de tambour (« tumba » signifie tambour en langue bantoue) née avec l'arrivée à Cuba de propriétaires fonciers français qui, pendant la Révolution haïtienne de 1791, se sont enfuis de leur pays avec leurs esclaves. (*N.d.T.*)

Edelmira, Tia Anaïs, ma cousine Anaïsita ; ils étaient tous là. Lorsque Carlos a ouvert la portière de mon côté, je me suis mise à pleurer car je n'ai rien pu faire d'autre pour eux, ni pour moi. Je ne parvenais pas à parler, ni à les prendre dans mes bras, ni à me mettre à courir contre la lumière.

Ils m'entouraient tous en m'étreignant, comme si je leur manquais depuis longtemps, comme une fille égarée, quelqu'un qui rentre chez soi. Les paroles coulaient sur moi comme la sueur de leurs corps. *En espagnol, j'entends des choses que mon corps, mes sens et mon sang perçoivent bien que mon esprit ne les capte pas. Il me parvient à travers des canaux souterrains de souvenirs ataviques. Il atteint une Anaïs différente, une Anaïs que je connais à peine.*

Ils m'ont donné l'impression d'appartenir à leur monarchie, mais j'étais absente, distante. J'étais la royauté en exil. Une tsarine à la longue tresse exilée de son royaume, maintenant de retour dans ses anciennes propriétés.

Ce n'est pas vrai, rien ne m'appartient. Nous sommes entrés au salon où seules figuraient des photos de personnes inconnues, des tableaux qui me regardaient fixement, me suivant comme une intruse. Le temps m'a éloignée de Cuba et je ne mérite pas les étreintes, car je suis devenue une étrangère au milieu de toutes ces langues et toutes ces nouvelles adresses, trop nombreuses pour une expéditrice aussi jeune.

Mes cousins et moi avons passé notre vie à nous écrire, à nous voir pendant les vacances, mes vêtements sont entrés dans des malles et en sont ressortis, comme aujourd'hui. J'avance ainsi exposée sur les civières du temps. D'un continent à l'autre, telle une jeune momie, les deux branches de ma famille m'exposent.

C'était ainsi que je ressentais cet « Anaïs, Anaïs », qui sent en espagnol l'odeur du Pernod que ma mère nous donnait contre l'*influenza*[1] en hiver.

La table était dressée à la française. Il y a longtemps qu'on n'aligne plus autant de couverts à New York. Le parfum des fleurs est bien trop capiteux et je doute de pouvoir ingérer les aliments avec toute cette douceur dans les sens. Je doute de pouvoir assimiler quoi que ce soit à cette heure, avec toute cette eau dans la gorge.

Je suis sortie dans le patio car je sentais que c'était ce que je devais faire ; la Finca est conçue de façon que l'on doive toujours sortir. Dehors, une ronde de Noirs dansait un *minuet*[2] très curieux, comme en cercle, ils étaient droits, élégants, nets.

En regardant ce rituel originaire de la campagne et aussi des îles voisines, j'éprouvai un bonheur frénétique, quoique doux, fluide et posé ; les rubans descendaient en rythme d'un mât vers leurs mains.

1. Sorte de grippe. (*N.d.T.*)
2. Minuet africain qui s'inspire du menuet français. (*N.d.T.*)

Je commençais à comprendre leur offrande. Ils tressaient les rubans aux couleurs du drapeau français. Mais le centre était phallique et hautain, comme les hommes qui évoluaient autour de lui. Antolina a tenté une explication, mais j'ai posé un doigt sur ma bouche et lui ai réclamé le silence pour danser.

J'ai mûri. J'ai demandé le silence à ma tante, j'avais besoin de jouir égoïstement de cette sensation incompréhensible.

Les Noirs dansaient-ils comme les Français, ou les Français d'autres terres habitent-ils ces corps avec davantage de liberté ?

Ils bénissent ces danses de leur grâce. La solennité de leur disposition s'est brisée net et ils ont essayé de faire danser les invités. J'ai pensé qu'un collier s'était brisé, les parties se sont dispersées, les Blancs ne souhaitent peut-être pas « devenir égaux ». Beaucoup ont quitté les lieux, presque offensés, mais moi, j'ai accepté. J'ai tendu la main à un jeune homme grand et serein. Je suis entrée dans la ronde et j'ai cherché Père pour la première fois, tournant entre les rubans qui ondulaient, maintenant libres. Je savais qu'il n'était pas là, mais je l'ai cherché. Cela suffisait pour savoir que ce rythme me retenait, car d'une façon inexplicable ses danses étaient françaises, l'allure de ses mains sur le piano, cubaine, et la voix lyrique de ma mère contenait tout ce qui me faisait maintenant tourner, envoûtée. Je ne me suis jamais menti… et je sais que je l'attends toujours, d'une certaine façon, la sueur, ce qui tourne et m'étreint m'affecte, me fatigue.

Ma mère et mon père se trouvaient là. C'était la communion de ce que je suis.

La France, cette élégance dure et implacable, Cuba, la douceur d'une souplesse à laquelle la danse me convie sans sacrifice.

J'ai cherché mon père dans les yeux noirs et sombres, je tournais en proie à un vertige mais je n'ai pas voulu continuer à me mentir, il ne viendrait jamais danser ; alors je me suis laissé porter, je volais de main en main, mais cette fois j'étais seule, entourée et isolée. J'ai beaucoup lutté pour ne pas m'évanouir : tristesse et plaisir. C'était Cuba. J'étais là. J'avais débarqué, cela ne faisait pas de doute. Je transpirais et saignais de la blessure la plus profonde : Père.

Antolina m'a relevée et m'a posé une compresse mentholée sur le front. Je n'ai pas demandé si j'étais tombée, mais j'avais mal au cœur.

Elle essayait de me raconter que Dorado, le cuisinier noir, avait fait venir ses frères de Santiago de Cuba pour travailler et qu'ils avaient dansé la tumba francesa pour moi. Ils appartiennent à une confrérie secrète où tout le monde n'entre pas. Il y en a une à Santiago et une autre à Guantanamo.

Curieusement, ma famille est une famille nombreuse et en vue, mais ses membres ne constituent pas un ensemble comme cette petite famille de Noirs,

« taca taca taca » ; un chagrin inconnu pèse sur mon front, non moins merveilleux ni attrayant.

« Cuba et moi. Trois jours au lit. »

Ma cousine Antolinita monte dans ma chambre avec un flacon de Pompeian Fragrance qu'elle m'a acheté au numéro 92 de la rue San Miguel, d'après le paquet-cadeau. Elle ne veut pas que mon front sente le menthol, pourtant moi, j'aime rester comme ça. À quoi peut ressembler le 92 rue San Miguel ? Je vais sortir d'ici et chercher les rues. Mais auparavant, je dois me remettre entièrement, d'abord de moi-même.

Dorado monte dans ma chambre avec la permission de Tia Antolina car j'ai de la fièvre depuis trois jours. Je n'écris même pas. Il arrive, des herbes dans les mains. Il demande que l'on me déshabille le plus possible. On me laisse sans hésiter en sous-vêtements. Une fois que je suis dépouillée de tout, Dorado me fouette avec les herbes, me frotte le cou, le front et la partie avant des jambes avec des onguents au camphre. Il dessine sur mon ventre avec quelque chose qui ressemble à de la craie, puis sur mes yeux, la poudre tombe sur mes cils comme de la neige tiède.

Je me lève peu à peu, soutenue par Dorado, Tía se signe et on me place dans une baignoire d'eau froide couverte de fleurs blanches, et m'asperge de l'eau de Cologne que ma cousine m'a apportée. Son corps immense reste là, il dit que je dois surveiller mon ventre, ma tête, mon estomac... Il est si noir, ses mains sont blanches et ses yeux dorés ! J'étais endormie et voilà que l'eau me ranime.

Dorado s'exprime dans la langue de ses ancêtres, dans ce *patois** des anciens esclaves. Je ne me sens pas mal. Je me contente de laisser flotter mon corps, je m'installe au fond, somnolente (et me laisse tremper) à sa demande. Comme le linge sale, me vient-il à l'esprit. Je m'installe dans la baignoire et me rappelle enfin ces mots : *Hugo, figue, ego.*

Je regagne mon lit et prends des notes. Je ne comprends pas pourquoi Cuba ne me laisse pas la saisir. Cuba est rebelle et m'échappe. Je dors et je transpire. Peu à peu, l'*influenza* sort de moi. Je le sens.

Lettre à Hugo

J'ai songé à te demander à genoux de venir me chercher, juste pour achever ce livre. Ton journal. Privé et déclamé. Des boucles de mots qui résonnent sans cesse à tes oreilles.

Enfermée dans ta coupole, j'écrirais uniquement pour toi comme je le fais chaque jour pour Père. Tu viendrais chaque soir en traversant la neige pour écouter le murmure de mes nouveaux mots.

J'ai reporté tout cela pour le moment où nous serions seuls tous les deux. Mon voyage a beau être une réalité, je ne te vois pas à la gare. Le verre se couvre de buée et je suis prête à partir seule, sur un chemin étranger qui ne m'appartient pas mais qui est le mien. Mon souffle nettoie la vitre, OUOUOUH ; je dessine avec les doigts. On aperçoit quelque chose et je respire.

Je m'observe dans une maison inconnue. Tout le monde est gentil, empressé.

J'essaie de m'asseoir sur la monture du passé et de m'envoler.

Je pressens qu'Icare va me lâcher en plein vol et que de ma chute je reviendrai à tâtons.

Je reconstruis l'instant où je décroche le téléphone à New York, et où tu fais battre ma peur en retraite en deux secondes.

Je sais qu'il est risqué de te demander de me chercher dans ta nouvelle ville, car tu ne m'y trouveras tout simplement pas. Certaines résolutions sont parfois aussi solides qu'un bateau à vapeur. De ceux qui semblent couler mais restent à flot.

J'ai voulu tout t'écrire, même si le prix à payer était de partir, de me transformer en poussière.

J'avais un autre projet pour nous deux, je le voyais si clairement : en fin d'après-midi, quand tu arriverais avec des oranges et une bouteille de mousseux, du jambon et du pain noir, tu penserais que ce journal crée un état de beauté inutile, qu'il ne finira jamais. Tu comprendrais que même si je te possédais totalement, je ne te laisserais pas en paix, car mon amour exige toujours de toi le double de ce que j'obtiens déjà en échange du Journal.

Je ris toute seule de savoir que t'engager au mariage avec moi, avec Anaïs Nin y Culmell, représente bien peu de chose par rapport à ce que tu es et à ce que tu seras à travers mes exigences.

Je dégèlerais les lieux, et la ville changerait de nom pour toi.

J'ai pensé que nous serions désormais guéris. Mais, Hugo, tu es mon faon délicat qui préfère garder les jambes blessées plutôt que de se laisser soigner par cette étrangère, une enfant étourdie qui rêve d'entrer comme un colibri dans ta chambre de célibataire afin de la partager avec toi. Et de te défier.

Lettre à Eduardo Sánchez Culmell

Eduardo chéri :

L'aventure est ma destinée, mais parfois je m'enferme dans ma bulle et ne parviens pas à transpercer les parois élastiques qui me cloîtrent, tout se tend comme un arc et me laisse ici recluse, malade, au lit, sans pouvoir me lier d'amitié avec Cuba.

À ce stade, je devrais savoir la reconnaître, me sentir partie intégrante de ses odeurs et du ton magnifique des voix qui, comme toi, nous rendent visite chaque année dans les maisons de New York. Mais non, tout m'effraie. Je distingue de multiples sensations dans ma cave intérieure, mais je reste enfermée et n'ose pas quitter le lit. Ils pensent que c'est l'*influenza*, moi je dis que ce sont l'influence de Père et son abandon qui pèsent sur moi dans cet espace.

Eduardo, je suis malade. Je ne connais pas ces terres et j'ignore quand je pourrai déposer mes lettres à la poste pour qu'elles gagnent mystérieusement le chemin de ton atelier.

Je délire. J'ai la nostalgie. Je doute de Hugo et je pense que le temps que Dieu m'accorde pour mettre à l'épreuve l'amour des autres pour moi, parents, enfants, amis, s'épuise.

Tu sais que la confiance ne m'est pas naturelle. Père m'a appris à ne pas la pratiquer, car, si l'on croit aveuglément, les coups vous laminent

Je ne suis pas une dévote de l'inconditionnel, il surgit quand on a mangé ensemble et à satiété au même râtelier incommode, quand on a pleuré dans les mêmes draps, moissonné le même blé, écrit le même journal plein de larmes et d'idées. Mais tout est de la dentelle du passé et peut se conserver ou se piquer pour toujours.

Eduardo, tu sais que je ne mens pas : Hugo, ce nom peut devenir une ombre s'il ne se défend pas de moi. Ce qui me mortifie aujourd'hui ou me fait mal m'accompagnera demain avec une dignité que personne ne présage. Pas même Cuba, pas même toi.

Je sais ordonner ma douleur, mon vide, je parviens à trouver une place à chaque étouffement. Personne ne s'aperçoit que Hugo me manque. Que je n'ai rien reçu de Père. Que Mère ne comprend pas l'âme parce qu'on la lui a prise un jour et qu'elle a refusé de la racheter. Elle pensait la retrouver sur un de ces marchés aux puces. Mais nous savons que c'est impossible. Nous ne pouvons pas nous permettre de porter quoi que ce soit d'occasion à l'intérieur. Tu es mon cousin, le locataire de mes premiers journaux, le meilleur intrus, l'unique témoin de cette fragilité.

Tu vois, j'ai pu me déplacer, mais mon esprit me rassure, me soutient. J'ai traversé la mer à toute vapeur et je suis toujours enlisée dans les mêmes eaux.

J'ai besoin de toi, Eduardo, tout changerait si tu faisais irruption dans la chambre pour me demander n'importe quelle sottise. Je magnifie tes paroles. Je prends des notes pour le moment où tu viendras parler de mille choses.

Je n'ose pas sortir.

Je suis toujours en compagnie de la fièvre.

Je suis toujours en ma compagnie.

TON ANAÏS

Il va faire jour, de mon lit j'aperçois le feuillage violet. Les coqs se plaignent parce qu'ils ont besoin du soleil. Ma solitude a toujours été plus pourpre que ces rideaux. C'est une solitude endémique qui maintenant, j'en suis sûre, personnifie Cuba dans toute son intégrité. Je vois mon enfance et la révise, les notes font mal mais je dois apprendre à me dépouiller de ma chair afin d'être crédible.

Le paradis de mon enfance était un paradis inventé, parce que mon enfance était une enfance malheureuse. C'est en jouant la comédie, en faisant semblant, en inventant, que je parvenais à m'amuser. La réalité ne me procurait aucune joie. Le paradis de mon enfance se situait sous la table de la bibliothèque, elle était recouverte jusqu'aux pieds par un tissu rouge bordé de franges, c'était ma maison de poupée et le petit morceau de toile cirée qu'on m'avait donné me servait de paillasson sur lequel je m'essuyais les pieds ostensiblement. Le paradis de mon enfance, c'était la musique qui remplissait la maison, les livres qui remplissaient les étagères de mon père, et les jeux que je tirais des livres et de la musique – des opéras mimés et chantés, ou encore des représentations historiques, comme « Le voyage de Marie-Antoinette jusqu'à la guillotine » joué sur un chariot fabriqué avec plusieurs chaises empilées les unes sur les autres. C'était comme le monde que j'avais aperçu à travers le verre teinté d'une fenêtre derrière lequel les arbres, les maisons, le ciel, les gens devenaient des bijoux kaléidoscopiques.

Ça suffit. Je demande à Tia Antolina de m'emmener en ville. Je veux voir La Havane.

Malade ou en me traînant, je la désire. Je ne supporte pas d'être clouée au lit comme une sculpture d'albâtre. J'ai besoin de vivre, de découvrir, de me prouver à moi-même que je vole comme un ange qui a du mal à se tenir en l'air et bat des ailes, de distribuer le bonheur dans tous les angles possibles de ses dimensions.

Je me lave et je sors. Je n'en dis pas plus, pour l'instant.

La ville est petite, et à 9 heures du soir les commerces geignent en laissant retomber le rideau de fer. Ils ferment comme si le monde avait été consommé, nous refusant la possibilité d'une participation. La ville est jolie, lente, provinciale, mais aussi majestueuse, immense de par la nature de ses rues, son architecture relève d'un mystère mauresque et espagnol. Je sais que je peux me perdre si j'échappe à Tia Antolina. J'ai posté la lettre destinée à Eduardo, un lion de cuivre l'a avalée sur une place déshabillée par les tourbillons de vent ; j'ai pensé que la lettre et moi allions nous envoler. Nous nous sommes également rendues dans un très beau magasin, très propre et bien éclairé, qui me rappelle certains endroits de New York ; j'aime son nom : l'Enchantement. Il est confortable et blanc, avec des miroirs et des parties métalliques. Il se trouve à l'angle des rues Galliano et San Rafael. Il régnait une odeur de pâtisseries sorties du four et d'eau de Cologne française. Là, Antolina a voulu m'acheter des coupons pour me faire délaisser cette allure noirâtre au profit d'une apparence claire et sereine en société. Je m'y refuse, tu le sais, tu me connais. J'ai choisi des tissus venus de Chine, et contrariée elle a accepté en enroulant des mètres de transparence aux imprimés asiatiques. Elle n'a pas eu à payer. Une branche de la famille est apparentée à quelqu'un qui a dit s'appeler Pepín Fernandez y Rodríguez, actionnaire du magasin.

L'homme m'a regardée dans les yeux… Je me sens coupable quand je ne m'acquitte pas de mes dettes.

Je découvre le sol et parmi les inscriptions je lis : 1888. Les dates me marquent, les chiffres me poursuivent. J'essaie de découvrir à travers les vitres. La rue qui longe la boutique s'appelle San Rafael. Elle est immense. Ce doit être là que ma cousine achète ses eaux de Cologne onéreuses.

Tia m'emmène dans les rues pavées et aussi dans de larges avenues, elle demande au chauffeur de s'arrêter dans l'une d'elles. En 1906, le mari de ma tante, le général Rafael de Cárdenas, était chef de la police de La Havane, on ne me l'avait jamais dit. Nous avons fait le tour, garé l'altière automobile familiale, et nous sommes rendues dans une petite caserne. Antolina m'a laissée sous la garde du chauffeur et est entrée comme une reine par l'escalier qui menait à l'intérieur. Tout en regardant autour de moi, je suis sortie dans le jardin pour respirer, j'ai pensé au patriarche commandant ses hommes lors de la guerre, mais je n'ai eu le temps de rien. Juste quelques secondes. Ils m'ont entraînée vers l'automobile, une fois là ma Tante a sorti des documents jaunis par le temps et l'humidité habituelle, semble-t-il, de Cuba. J'y ai aperçu une curieuse lettre, que l'oncle R. de Cárdenas avait écrite à La Avellaneda, la poétesse cubaine du siècle dernier dont ma famille parlait si souvent. Rafael de Cárdenas lui envoyait des poèmes pour qu'elle les publie dans sa revue.

Antolina les lisait à voix haute. L'espagnol trompe mes sens, la pierre se confond avec le lierre dans la pensée initiale. Un général soucieux d'être publié dans la revue d'une poétesse. Le chef de la police de La Havane, général de la guerre d'indépendance, était un bohème, auteur de textes désespérés. Tia Antolina, danoise, française et aussi cubaine que Dorado, le Noir qui m'a délivrée de la fièvre. De quel mélange suis-je le résultat, d'où viens-je ?

Des femmes s'approchent de la vitre pour mendier. Je ne comprends que maintenant que j'ai été entretenue, et que je vais le rester pendant de longues années. L'argent constitue la matière d'autres êtres, il est relié à une condition qui me déplaît et à laquelle je n'appartiens pas. Antolina ignore les mains de ces femmes. Elle ignore leurs énormes poitrines bronzées et leurs ongles sales. Elle ne voit pas non plus les enfants vaincus se laissant entraîner par l'irresponsabilité que génère la pauvreté.

– Alors c'était un bohême, a-t-elle dit.

« Je suis toujours pauvre », ai-je pensé, apeurée.

Une seule larme suffirait à laver ma faute, mais je ne pleure pas. Je n'y arrive pas.

Nous entrons à La Moderna Poesía. Je choisis deux beaux livres d'une maison d'édition cubaine appelée El Quijote[1] ; en espagnol, pour essayer de les lire sans aide. Dehors, Antolina croise un journaliste et me présente. Elle lui dit que j'ai été mannequin

1. Le Quichotte. (*N.d.T.*)

pour *Live*, et même si c'est vrai, ce n'est absolument pas ce que je suis. Je crois que je suis mannequin pour mes pensées. Je pose pour mes illusions. Nous faisons trois mètres et Antolina achète une glace pour me libérer de mes gants. Je me salis. Elle se moque de mes gestes de petite fille bien élevée. Si elle savait de quoi je rêve. Antolina et moi courons dans le parc, et l'esplanade, avec sa clarté, accélère ma photosynthèse. Elle m'alimente. La pluie menace.

Antolina arrête le tourbillon de mon esprit, m'immobilise et désigne un jeune homme taciturne aux yeux clairs et aux cernes violacés. C'est un poète, un homme très talentueux dont on recherche la compagnie. Elle n'a même pas voulu prononcer son nom. L'homme menu passe en toussant, avec un journal pour refuge. Je foule le « Trottoir du Louvre ». Il semble que des choses fortes se produisent ici. J'aperçois des émotions, des dangers. Tout circule en moi comme de l'eau.

Lettre à Hugo de retour de la ville

Finca La Generala, Luyanó, Havana
À Hugo :

On m'a transportée au Pays des Fées et j'habite en ce moment un Palais Enchanté ! Toute ma tristesse et mon appréhension se sont envolées dès que j'ai aperçu La Havane et, tandis que le bateau se rapprochait du port, je me sentais émue bien au-delà des mots par tout ce qui m'arrivait. Tu peux à peine imaginer ce que c'est que de découvrir une ville nouvelle, d'entendre une langue nouvelle, de voir des visages qui sont bien d'une autre race et cependant de reconnaître que tout cela correspond à une part de soi-même. Tout mon côté espagnol a refait surface et je sais lire dans ces grands yeux noirs des sentiments auxquels je peux répondre et deviner des caractères qui correspondent au mien. Je suis sous le charme magique du Sud et je sens la douce caresse de l'air sur ma peau, la lumière chaude et vibrante du crépuscule et toutes mes pensées sombrent dans une rêveuse indolence…

Je suis exténuée et pourtant, dans vingt minutes, le salon va se remplir d'amis de la maison, de parents, de bruits et de pas. Je vais devoir m'habiller alors que la chaleur entend plutôt me déshabiller. Je préférerais rester à tâtons avec toi, mon Journal en blanc, et te raconter tout ce que je ne peux pas appréhender avec les sens. Je vais descendre et accepter. Ensuite, je dois écrire, il le faut. C'est mon luxe et je ne vais pas le nier même dans cet exil insolite. Je veux marcher dans le jardin, je veux me regarder dans la fontaine. Je souhaite être claire pour écrire ensuite sans culpabilité. Je me le dois.

Je descends au jardin, esquivant un *apéritif** proposé par Dorado, qui me poursuit comme un fou sur son territoire, je traverse la cuisine, ma tante est en train de prier à la fontaine, de prendre congé du soleil. Elle me voit m'éloigner. Je fais quelques pas et reviens pour la regarder droit dans les yeux. Elle pense que tout me manque et elle me prend par la main.

Après avoir brisé le brouhaha des oiseaux qui crient à cette heure avant d'aller dormir, je la remercie de la promenade. Antolina m'annonce qu'elle souhaite m'emmener dans d'autres endroits y compris à Arroyo Naranjo. Mais que tout se fera peu à peu, pour que je n'épuise pas Cuba.

Elle m'emmène au bord de la fontaine et nous nous asseyons. J'essaie de transcrire textuellement ce qu'elle me raconte... c'est merveilleux de sentir cela, de sentir que Maman n'a pas toujours été la femme d'affaires sérieuse qu'elle est aujourd'hui. Je ne peux pas le nier, mon chéri.

Maman en ce temps-là (Maman n'a pas donné de date) était jeune, belle et admirée, et à cause des bonnes affaires de grand-père Culmell, un succès dans la société cubaine. Un jour elle se promenait avec tante Edelmira quand elle voulut entrer chez un marchand de musique, Anselmo López, pour acheter quelques morceaux de champs (ou chant* *je crois). Papa, jeune aussi et beau en ce temps-là, était venu à La Havane avec sa mère, après avoir été forcé de quitter Barcelone parce qu'il avait fait la cour à une jeune fille qui était son élève et lui avait donné l'envie de s'échapper avec lui, quand le frère qui est maintenant le mari de la sœur de Papa avait voulu le tuer, En ce temps-là il tâchait de donner des concerts à La Havane. Quand Maman entra dans le magasin, M. López lui présenta Papa comme un jeune pianiste à qui l'influence d'une jeune femme de la haute société ferait beaucoup de bien. Alors il fut prié de jouer pour Maman et tante Edelmira, et après s'être fait prier longtemps, comme il fait toujours (dit Maman), il joua. Ici je l'ai interrompue pour demander s'il jouait bien.*

« Je te crois. » (...) Papa fut invité chez Maman et présenté à ses amies. Alors il commença à lui écrire le matin, à venir la voir l'après-midi, et à lui téléphoner à toute heure. Maman partit pour Matanzas pour quelque temps et il continua à lui écrire. Quand elle revint, il se déclara un jour et Maman regarda son pantalon et sa veste rapiécés, sa chevelure et ses yeux

bleus et… accepta à la grande détresse de toute la famille. Mais la chose fut faite.

Je monte, je m'assieds sur le lit. Il y a tant de choses que j'ignore de Mère. Je note, je ne peux m'empêcher d'écrire. Je dois descendre, mais je ne veux rien perdre. J'écris très vite pour ne rien te cacher. Les souvenirs m'enveloppent comme une couche d'eau transparente, je me vois et je ne me vois pas.

Mais je ne me rappelle pas si je l'ai vu, ni si j'ai vu cette petite fille vêtue d'une robe blanche très courte, que je retrouve sur une photographie prise à La Havane où mes cousines et moi sommes alignées suivant notre taille et où nous portons toutes d'énormes rubans et des robes blanches très courtes.

Dans le miroir, il n'y a jamais eu d'enfant.

Le premier miroir possède un cadre de bois blanc. Dedans, on ne voit pas Anaïs, mais Marie-Antoinette qui porte un bonnet blanc en dentelle, une longue robe noire, debout sur une pile de chaises, figurant son chariot, sur le chemin de la guillotine. Pas Anaïs Nin. Une actrice qui interprète tous les rôles de l'histoire de France. Je suis Charlotte Corday enfonçant son poignard dans le dos de Marat. Je suis, naturellement, Jeanne d'Arc. À quatorze ans, mon interprétation de Jeanne d'Arc brûlant sur le bûcher était l'histoire sanglante préférée de mon frère.

Mais le premier miroir dans lequel apparaît mon image est un grand miroir, fixé dans un mur de bois sombre. Tout à côté, la lumière de la fenêtre est si intense que le reste de la pièce n'est pas reflété dans le miroir ; en revanche, l'image de la jeune fille qui s'en approche se détache très nettement – sur ce fond sombre et flou, la jeune fille de quinze ans a un regard affolé. Elle regarde sa robe, une robe en serge bleu brillant fabriquée à partir d'une toilette d'une de ses cousines. La robe ne lui va pas. Elle a l'air piteux, misérable. La jeune fille regarde avec honte la robe de serge bleu. C'est le jour où, à l'école, on lui a dit qu'elle était douée pour écrire. Ils étaient venus exprès dans sa classe pour le lui dire. Bien qu'elle soit étrangère, bien qu'elle doive utiliser le dictionnaire, elle a écrit la meilleure rédaction de toute la classe. Elle, qui était toujours si sage et n'avait pas envie de se faire remarquer, on était venu la chercher pour lui demander de dire quelques mots au professeur de rédaction devant tout le monde. Elle avait dû monter sur l'estrade et, devant tout le monde, il l'avait félicitée. Et la joie, cette joie intense qui l'avait d'abord saisie, était aussitôt retombée, lorsqu'elle avait pensé à sa robe. Je ne voulais pas me lever, je ne voulais pas qu'on me voie. J'avais honte de cette robe minable, avec son reflet brillant, son air usé, une robe d'orpheline, déjà portée par une autre petite fille.

Il y a un autre miroir encastré dans du bois sombre. La jeune fille regarde une robe qui la transfigure. Quel changement extraordinaire ! Elle se penche tout près de la glace pour regarder ses yeux humides, pour mieux se rendre compte du rayonnement provoqué par le changement de robe. Elle s'avance lentement vers le miroir – très lentement, comme si elle craignait de faire disparaître le reflet. Plusieurs fois, à quinze ans, elle s'est avancée ainsi vers le miroir. Toutes les filles de quinze ans se sont posé la même question devant le miroir : – Suis-je jolie ? Le visage est comme masqué. Il ne sourit pas. Elle ne veut pas séduire ni tromper le miroir, elle ne veut pas obtenir de réponse fausse. Elle ne veut pas faire peur au reflet – elle-même. Quelqu'un lui a dit qu'elle était très pâle. Elle s'approche du miroir et se tient debout comme une statue. Immobile. Statue de cire. Elle ne fait jamais un geste. Immobile. Se confrontant à son image. Étonnée. Somnambule. Si elle bouge, c'est pour devenir quelqu'un d'autre. Maintenant elle bouge face au miroir, elle n'est plus Anaïs Nin, celle qui va au lycée, qui tient son journal, cultive des légumes et fait pousser des fleurs dans l'arrière-cour. (…) Si elle bouge, c'est pour interpréter Sarah Bernhardt, Mélisande, la Dame aux camélias, Madame Bovary, Thaïs.

Anaïs Nin est immobile, spectrale, comme une image prisonnière d'un tableau, se déplaçant dans un rêve. Dans le miroir elle se décompose en une centaine de personnages, devant le miroir elle n'est que pâleur, immobilité et silence recomposés.

Silence. Elle cherche une expression qui trahisse l'esprit.

Il est impossible de saisir le visage dans un moment vital, dans le rire, dans l'amour. À seize ans, c'est bien Anaïs Nin qui se regarde dans le miroir les cheveux relevés en un chignon haut pour la première fois. Il y a toujours la question. Le miroir ne va pas lui répondre. Elle va devoir chercher la réponse à travers les yeux et les visages des jeunes gens qui dansent avec elle ; plus tard chez les hommes, et surtout chez les peintres.

9 octobre

Finca « La Generala », Luyanó, Havana
À Eduardo :

Je m'étais promis de ne pas trop broder sur mon nouveau lieu d'habitation et ma nouvelle aventure, aussi ai-je approché La Havane sans exaltation et avec beaucoup d'inquiétude, sachant trop bien ce qu'il en coûte des illusions et bien décidée désormais à m'en faire le moins possible. En conséquence, les dieux m'ont comblée de cadeaux. Je me retrouve dans la plus belle des maisons, un peu en dehors de la ville, un véritable palais à mes yeux, meublé et décoré avec un goût exquis, entouré d'un jardin enchanteur. Et tout autour de nous s'étalent les champs en pente de Cuba, riches et fertiles, sous l'éternel soleil. Et l'air est doux et parfumé, et les grands palmiers bien droits et infiniment gracieux se découpent partout sur un ciel étincelant de couleur. Tout semble empreint d'une chaleur et d'une douceur cachées et l'on tombe sous le charme du Sud – tour à tour, langueur et feu s'infiltrent en vous à travers tous vos sens et votre esprit.

Ces jours derniers, j'étais comme étourdie par toute la nouveauté et l'étrangeté de ce qui m'entourait ; j'étais incapable d'écrire ou de parler autant que de coutume, et je me contentais d'observer, de m'imprégner de tout, d'accumuler les expériences et les impressions dans le but de mieux les comprendre et de les expliquer plus tard. Tu sais donc pourquoi, Eduardo, ma lettre aujourd'hui sera courte, et une lettre remplie de l'apparence des choses, une lettre qui décrit les choses tangibles et visibles, et seulement elles. Les pensées viendront plus tard ; elles restent tapies à l'arrière-plan, à demi craintives de je ne sais quoi, mais en attendant je me contente de voir, et d'entendre, de sentir, et d'écrire comme écrivent les gens ordinaires.

Oui, je tâcherai de mettre des mots sur la colère que ton soi-disant poème a éveillée en moi, mais pas maintenant, car je suis de bonne humeur, et si tu étais ici, tu serais traité avec beaucoup d'égards. Et tu en auras encore plus, puisque tu es si loin et que je souhaiterais t'amener gentiment à écrire une lettre aimable à ta cuisine*, que le monde a abandonnée sur une île pour y périr de solitude. Mimi.

Encore sous le choc, encore incapable de croire à ce qui m'arrive. D'abord j'ai découvert la nature à Cuba – ses champs, son ciel, sa mer ; chaque paysage m'a émerveillée et c'est un sentiment de tendresse qui s'est infiltré en moi lorsque j'ai vu tant de beauté dans les choses qui passaient inaperçues pour la plupart – une beauté qui m'a touchée profondément et que j'ai comprise de façon purement miraculeuse.

Puis, j'ai découvert la ville, des maisons les plus basses aux demeures les plus hautes. J'ai appris à aimer ces étranges petites maisons peintes en blanc, ou jaune, ou bleu pâle, ou rose ; j'ai été sensible au charme de ces coloris bizarres que l'on rencontre dans les ruelles étroites. On oublie la saleté, la paresse, les décorations voyantes et vulgaires, les aspects barbares et primitifs des habitants pour ne retenir que leur charme réel. Les pauvres sont d'une pauvreté insoutenable, les riches d'une richesse ostentatoire, mais on a de la sympathie pour les deux. Tout ce qui pourrait nous repousser est compensé par tout ce qui nous émeut.

La Havane me frappe comme la ville des extrêmes, des contrastes, mais peut-être est-ce parce qu'elle est relativement petite. Tout paraît tenir dans le creux d'une main, pour ainsi dire, ce qui facilite l'observation.

Maintenant je commence à connaître La Havane à travers sa société. En l'étudiant, je comprendrai la ville dans sa totalité, car les habitants ne sont-ils pas le reflet le plus exact et le plus convaincant d'une ville, de ses caractéristiques générales et de ses principaux défauts et qualités ?

Je continuerai plus tard, je dois descendre. Je suis enfin apparue dans les vêtements que j'ai pu sauver dans la douleur d'être celle que je ne veux pas être malgré le miroir.

Mon cousin Carlos me présente à chaque invité et je me rappelle soudain ces mots de Maman : « Ne me présentez plus personne, j'ai déjà connu et perdu tant de gens. »

Peu à peu, les paroles affables en espagnol m'encouragent. Elles résonnent comme une cuillère à dessert frôlant du Baccarat. Elles me réjouissent, me tonifient. Un jeune homme pâle joue du piano et je me trouve sans doute dans un film. C'est le seul moyen de tout affronter. Ils chantent cette page traditionnelle que ma mère répétait souvent à l'aube au moment où tous rentraient ivres chez eux. À New York, elle revêtait un autre sens, ici elle me paraît moins sombre et elle s'éclaire, je la comprends.

Quand on aime vraiment
comme je t'aime
il est impossible, mon amour,
de vivre aussi éloignés.

Le jeune homme a été l'élève de Père. Je demande à Carlos d'éviter de parler de Lui ce soir. Je veux commencer à me constituer une Cuba personnelle. Irrévocablement mienne. Le piano se plaint parce que nous ne chantons plus en chœur ; ce sont des contredanses de Cervantes, qui à son tour a toujours été l'inspirateur de Père au cours de ses études et de sa vie à Paris. Qui a dit que ces danses étaient joyeuses ? Elles sont tristes et parfois, parfois seulement, un peu joyeuses, aigres-douces, plutôt. Elles se faufilent sous les auvents en bois. Les danses sont légères, telles des muses séditieuses. Le pianiste me regarde, tente de flirter avec moi. Je baisse les yeux. Je veux être seule. Seule et non exposée comme je me sens maintenant. Je ferme la vitre, je me noie dans mon vin rouge.

Peu à peu, je m'allonge sur la méridienne, mon air retiré au milieu du salon déplaît à Antolina, mais je reste étendue, elle me fait des signes, mais je m'étale comme une panthère.

De petits canapés font leur apparition et les invités mangent voracement, les femmes agitent leurs éventails comme des folles pendant que je ressens le froid mais pas la faim.

Soudain un jeune homme de haute taille, beau, robuste, merveilleusement bronzé, entre au salon. Un athlète. Je chancelle et commence à éprouver cette propension à la beauté que je ne parviens pas à contrôler. C'est une faiblesse, un don néfaste hérité de mon père.

Tout change, l'éclairage, mes vêtements, mon état d'indifférence aussi. Il entre avec deux amis de Carlos, embrasse la main d'Antolina et s'excuse car il n'a pas été invité, elle sourit, coquine, et acquiesce.

Julián vient vers moi comme une vision, son étreinte m'engloutit, elle est en acier moulé au feu, une sculpture de Rodin qui se projette, humanisée. Nous gagnons la table. C'était lui, qui manquait ? C'est un homme charmant. Il parle un anglais parfait et peut jouer avec les mots qui me manquent. Je voudrais prendre des photos de lui et le voir comme une œuvre d'art, pour éviter que mon inclination ne devienne un péché. Il n'existe pas d'espace en moi pour quelqu'un d'autre que Hugo.

À table tout tourne autour de son nom. J'entends qu'il écrit des articles pour une revue de l'Université, et il est manifestement en train de créer une ligue d'étudiants. Julián est né en mars 1903, moi en février de la même année. Il m'a demandé si j'étais danseuse professionnelle, je lui demande s'il pratique un sport. Nous savons tous deux que oui et non, aussi laissons-nous la nuit répondre ce que les mots ne veulent pas découvrir.

Il m'observe, nous nous observons. Je vois les « poupées » amies de ma famille baisser leur petite main gauche en signe de bonne éducation. J'assure mon coude sur la table et me propulse jusqu'à lui. Je lui parle en français et il me répond en espagnol, je lui parle en anglais et il me répond en anglais. Il sent l'eau de Cologne marine. Il a les yeux en amande, c'est un homme échappé de l'acier. Il sort de son enchantement pour parler politique. Coquito et son père ont une discussion que je ne saisis pas, les Cubains parlent très vite. Le rire de Julián explose comme un projectile et nous gagne tous. Je ne comprends pas très bien. Ils parlent de Zayas, le président Zayas. Il vole et profane. On parle des grèves, du pouvoir. Mais je n'aime pas la politique. Je fronce les sourcils, et il me demande mon avis. On parle de la révolution russe. Je ne suis pas très au courant. J'entends que Lénine a été réélu Premier ministre de l'Union des républiques socialistes soviétiques, que le roi George V du Royaume-Uni a inauguré une séance spéciale du Parlement visant à accorder l'indépendance à l'Irlande. La guerre en Europe n'est finie que depuis trois ans. Je voudrais entendre parler de paix au moins un moment. Au début de l'année, les États-Unis, le Japon et la Grande-Bretagne se sont réunis à Washington. Ce sont les grandes puissances navales. La conférence visait au désarmement. Je ne peux supporter la dimension de ce mot : guerre signifie détachement, mort, trouble.

Nous sortons dans le jardin. Je ne veux pas que Julián pense que je suis une petite fille stupide. Je lui raconte que lord Carnarvon, avec l'aide de l'archéologue Howard Carter, a découvert la tombe du roi égyptien Toutankhamon. Il ne fait pas de commentaire, il se contente de m'adresser un regard profond. Il fait une pirouette en l'air. Il m'offre une fleur qui ne dégage aucun parfum. C'est curieux. Je déteste les odeurs fortes et il l'a peut-être deviné. Il entre dans la fontaine, juste pour y pêcher la fleur qui flotte dans le courant. Il en ressort trempé, devant tout le monde.

Il a une flamme *à fleur de peau**. Il déclenche partout des incendies. Il discute, bondit. Il a l'air d'un guerrier, mais il ressemble aussi à un *homme de salon**. Je ne supporte pas de le laisser partir. Je veux lui dire ce que je pense. Tout finit toujours par couler dans le Journal. Je n'ai pas la force de le convaincre. Simple et claire, plongée dans la nuit cubaine, je lui ai suffi, il a vu mes yeux. Ma robe. Mais il n'a pas vu Anaïs, je suis un peu plus. Je le jure, Julián. Je le jure, jardin.

Il y a des gens dont le changement ne peut pas venir de l'intérieur. Il faut qu'ils soient poussés de l'extérieur. Ce sont ceux qui ont besoin des révolutions.

Il y a ceux qui peuvent s'élever au-dessus de la vie, la transformer, se libérer, et pour ceux-là la révolution n'est pas nécessaire. Je comprends qu'elle est nécessaire pour ceux qui sont incapables de s'échapper dans la création, de créer un monde d'illusions, ceux qui sont incapables de rêver, ceux qui sont incapables de créer un monde individuellement parfait.

Je possède mon don, le don de décrire ce que je pressens. L'immédiateté gonfle entre mes mains, me parfume pendant que j'écoute la dictée qu'elle inspire.

Quand il est parti, j'ai senti que je le perdais. Il est trop fort, trop grand pour écouter d'autres cours que ceux de sa propre rivière.

Depuis la terrasse nord sur laquelle donne ma chambre, je vois le ciel incendié. Ma cousine Cuca me fait des signes dans le jardin, elle ne rentre pas chez ses parents, mon oncle et ma tante le lui ont permis, elle va dormir à la Finca. On frappe à la porte, c'est elle. Elle m'apporte un verre de vin. Nous contemplons la nuit ensemble. La couleur écarlate est une cannaie en flammes. C'est ainsi que Julián a laissé le chemin sur son passage, il met le feu à tout ce qu'il touche de ses idées et de ses fibres.

« Un demi-dieu », pensé-je en finissant le verre.

– Je ne veux pas me marier, Anaïs, a dit ma cousine, ivre et désinhibée pour la première fois.

Je lui demande de dormir avec moi, elle ouvre les yeux et se rend en gémissant.

Je pense à la guerre, à Julián. Je voyage avec mes journaux, je cherche dans la malle et en prends un situé à la fin d'« Enfance », je leur donne toujours un titre.

Je cherche et relis le 16 décembre 1917. Je comprends pourquoi je déteste la guerre à ce point :

J'étais debout devant la fenêtre en train de regarder l'arbre, les maisons d'en face et le jardin entièrement déguisé et transformé par une belle couche de neige, la première de l'année ! Mes pensées retournaient malgré moi à un autre cadre, un cadre de misère, souffrance et désolation : la Guerre. À côté de moi sur une chaise le journal était jeté et je pouvais lire sans difficulté les grandes lettres, les gros titres :

« ÉCONOMISEZ LE SUCRE, IL N'Y EN A PLUS ! »

« LA SOURCE DE CHARBON EST FINIE ! »

« LES ŒUFS SONT 5 SOUS PLUS CHERS ! »

« LES ALLEMANDS ONT ENVAHI L'ITALIE ! »

« ACHETEZ UN "LIBERTY LOAN" ! »

« LES ANGLAIS SONT REPOUSSÉS ! »

« LES FRANÇAIS PERDENT 20 CANONS ! »

Et à la fin de tout cela une seule ligne consolante, resplendissante de victoire : « JÉRUSALEM PRIS PAR LES ANGLAIS ! »

Jérusalem ! Ce nom qui semble se lever soudain du tombeau d'années et de siècles, secouant la poussière de l'histoire et qui apparaît, entouré de lumière, à la souffrante civilisation. Le reste du journal est par terre, chiffonné, lu et relu. Je soupire, mille pensées mélancoliques, de tristes souvenirs, agitent mon esprit et étreignent mon cœur.

Je me détourne du journal et mon regard se repose sur la bibliothèque. Le soleil, qui jusqu'ici était caché par un nuage, apparaît de nouveau, et un de ses rayons se dirige sur la bibliothèque, faisant briller les couvertures rouges et dorées de mes livres. Comme si je récitais mon alphabet je murmure les titres de tous mes livres. Au cinquième, je m'arrête, entre Les Grandes Femmes de France *et* La Belle Nivernaise, *j'aperçois mon Journal, le reflet de ma vie. Les mêmes sentiments qu'auront eus les Anglais en trouvant Jérusalem, je les sentis presque quand je vis mon Journal qui sembla, de même que Jérusalem, se lever soudain du tombeau d'années (et sans hésiter, j'ajoute : de siècles). Dans quelques secondes, j'étais installée devant mon « pupitre », mon Journal ouvert, ma plume humide et mon encrier (à qui j'emprunte mes idées) tout prêt à me prêter son savoir.*

Je me relis et ne me reconnais pas. Je suis forte et faible. J'ai besoin d'une cheminée pour évacuer la fumée de mon âme.

Parfois, je sanglote et personne ne peut me voir. Ils veulent m'emmener à la mer, mais je ne pense qu'à Hugo, à Père, à Mère. Je l'écris et me lance contre lui. Même si je sais très bien qu'il n'est pas le véritable coupable de ma douleur dilatée et profonde. Le pire est le silence.

Un jour, il m'a demandé si je souffrais d'anxiété ou d'amour pour lui.

Hugo, cher Hugo, comme on dit en espagnol : Adieu.

Il est innocent ou sympathique de dire adieu, encore plus sans l'engagement de tes aveuglements. Je suis responsable du cri et je n'ai pas l'écho possédé de l'amour.

Mon esprit est fantasque et infini.

J'ai été entêtée et infantile. Je me suis montrée telle que je suis, sans voiles, dans un univers où il est bon de se préserver.

Je me sens de moins en moins réelle, pour moi, c'est un mot qui ne ressemble même pas à lui-même.

Je sens que j'aurais pu voler en ballon, rien qu'en t'imaginant dans mon lit. Naviguer dans des avalanches de luxure sur ton corps, une rivière qui ne m'appartient pas, je sais que tu ne me l'as jamais promise. Tu n'as jamais avancé une chose que tu ne tiendrais pas. L'austérité de tes promesses a été une grande leçon pour moi.

Ce désir illimité m'atteint rarement devant le visage d'un homme.

J'aime depuis l'enfance un fragment de verre poli par la mer, une parole ou un paysage que je ne veux pas briser de ma voix. Rares sont les instants où aimer se définit sous un nom humain. Je peux vibrer seule, comme une clochette en cristal pur.

J'ai peut-être l'air bizarre, mais je dois reconnaître que tu m'as inspirée. Quelqu'un en qui je crois et dont j'ai le meilleur souvenir possible.

Hugo : parler dans le vide est effrayant. Son mutisme m'assourdit. Quand je converse, l'abstraction me répond.

Tu es en fuite et je me fais du mal.

Je suis tombée amoureuse pour de vrai. Je t'ai cherché sur de nombreuses plages, des cartes et dans des gares aux trains absurdes.

Je ne peux supporter cette panique de ne pas t'atteindre. Ce Journal est risible. « Journal d'une fiancée ». Je suis une femme absurde.

Je me rends. Je suis seule dans cette entreprise. Je le sais. Tu peux ignorer mes visions. Je vis dans une autre dimension même si j'ai un fond rationnel.

Je ne tends pas au chaos mais je me protège des conséquences éventuelles d'un amour imaginaire.

Sans tes lettres, ta voix ou ta présence, je ne fais qu'inventer ce que je vois uniquement en respirant le parfum d'une vanille dérobée.

Je t'ai beaucoup aimé sans douter, sans regarder en arrière. Mais maintenant je me fais du mal. Sans rien de toi qui puisse me sauver.

Je t'aime. Je t'ai aimé les soirs qui ne m'appartiennent pas.

J'espère qu'oublier restera ce recours mensonger que d'aucuns trouvent pour donner un ordre différent au Journal.

Un baiser de Cuba.

Les réponses délirent dans le vent.

Le paysage ne suffit pas mais je trouverai le contenu de cette image pour me soutenir.

Ton

ANAÏS

Je n'écris plus avant de recevoir des lettres de Hugo, être seule me rend malade. Seule sans sa voix et ses attentions. Comment quelqu'un peut-il briser une promesse sans prononcer le moindre mot ? Je n'irai pas à la mer. Je m'enferme.

Cher Journal, aie pitié de moi, mais écoute-moi.

17 octobre

Aujourd'hui débute ma deuxième semaine ici. Et je viens à toi, humble et repentante de t'avoir si peu fait part de ce qui se passait en moi. Mais je t'ai fui de peur d'éveiller, en grattant ma plume sur le papier, le petit démon qui sommeille en moi ces derniers jours, le démon Tristesse, cette Tristesse que tu connais beaucoup trop bien et qui est faite de désirs infinis, d'agitation intense et de soif.

L'autre soir, en rentrant à la maison avec Antolinita, après quelques visites, j'ai été prise d'une angoisse incontrôlable et j'ai su que le petit démon avait ouvert un œil et qu'il me regardait. Mais ce soir, alors que nous bavardions dans la chambre de Tia Antolina, c'est une intolérable impression de suffocation qui s'est emparée de moi et j'ai compris qu'il avait ouvert son deuxième œil et s'était complètement réveillé.

Voilà ce que je dois acquérir avant tout. Je m'étais promis de bien jouer mon rôle et j'ai tenu parole jusqu'à maintenant. Moi, l'incurable ermite, j'ai fait preuve de la plus grande sociabilité et mon air grave, mon humeur pensive, mes rêveries profondes et mes tendances à l'abstraction ont été relégués comme de vieux meubles dans les chambres moisies du passé.

Puis-je en faire plus ?

Je réserverai mes lamentations à ma bouteille d'encre et laisserai mes tristes pensées gambader librement sur mon bureau, et pas plus loin, afin de pouvoir les récupérer le moment venu pour les enfermer en toute sécurité, tandis que je continuerai à vaquer à mes occupations le reste du jour. Être Sensée ou être Sensible : telle sera la lutte.

19 octobre

Hier, pendant que nous rentrions d'une longue promenade à cheval, je me suis crue sur un coursier arabe, galopant dans le désert et, dans ma tête, dansaient toutes les merveilles des Mille et Une Nuits. J'étais envoûtée bien au-delà des mots, prisonnière d'un conte de fées de ma propre invention. Et la magie dura jusqu'à ce que mon cousin ouvre la bouche ; les chevaux s'arrêtèrent et reprirent leur aspect ordinaire ; le monde redevint prosaïque. Mais les teintes de feu du ciel et les palmiers donnaient à mon rêve un semblant de réalité, auquel je me suis accrochée depuis.

Lettre d'Hugo depuis l'Europe

Anaïs, *ma petite** :

Il y a tant à dire, mais je veux commencer par te remercier de chaque mot que tu me consacres. Je suis très heureux de tous ces cadeaux. Tu es belle, Anaïs. Tu es le Soleil qui fait fondre la neige qui me recouvre dans cette ville à chaque minute plus froide. Je ne peux reprocher mon silence à personne, même pas à moi. Je suis déconcerté, j'ai beaucoup de mal à concurrencer mon bonheur.

De multiples événements importants se sont produits ces derniers jours. L'une de tes lettres a parlé pour moi, et je me suis senti coupable. Les événements n'arrivent jamais par hasard et tu dois savoir que je ne suis pas fâché contre toi. Il m'en coûte de choisir entre ta famille et ton caractère. Je sais ce que je veux et ce qu'il me faut, mais je suis d'un bois noble qui plie sans se rompre. Je ne peux me trahir et je dois attendre que mon instinct soit satisfait. Ce n'est pas à une épreuve que je te soumets ; tu n'as rien d'autre à prouver. Tu m'as tout donné et je n'en mérite même pas la moitié. Cela me rend triste.

Je suis très affecté par des questions que je ne peux expliquer ici. Je crois pour ainsi dire préférable de cesser de nous écrire pendant quelque temps. Loin de New York et de ses excès, j'aurai le temps de penser à nos familles et à notre destin, malgré ta demande, je ne te dirai pas ce que tu veux entendre, car je ne pressens pas encore la prochaine étape.

J'espère trouver un moyen de me remettre rapidement, mais il m'en coûte et tu dois attendre.

J'ai toujours cru que je pouvais gagner, te gagner pour moi, évidemment je me trompe.

Continue à tenir ton Journal. Continue à faire confiance à ton instinct et à mes désirs.

Une grosse bise à ma Linotte.

HUGO

P. S. : Je ne te parle pas de l'Europe, tu connais déjà Paris.

Cette lettre devra être la dernière adressée à Hugo. Je me noie dans les sanglots. Cela me rend malade.

Hugo :

C'est toi qui m'obliges à abandonner une chose que je n'ai pas. Nous savons tous deux qu'à Cuba je me sens attachée. Tu n'as pas idée de ce que c'est que de vivre entouré d'eau, sans rien pouvoir toucher, sans pouvoir nager d'une rive à l'autre. Je suis dans une position désavantageuse et je ne peux ni t'atteindre ni te convaincre dans un tel isolement.

Je continue à t'écrire des textes que je n'envoie pas, car je constate que tu n'as pas non plus le temps de les lire. Peut-être deux ou trois fois par semaine, peut-être jamais, peut-être en rêves-tu simplement. Je m'aperçois parfois que je ne te reconnais pas. Je souffre de te dire adieu, mais c'était vraiment ce que tu attendais de moi. Cette fois je suis Jeanne d'Arc. L'héroïne qui te libère de moi.

Tu m'y as poussée en comptant tes gouttes d'affection ou de plaisir. Une partie du lien tendu devait se briser et, comme tu l'as toi-même affirmé sur une nappe cette nuit-là, à l'insu de tes propres forces, ce qui arrive dans ta vie ne peut changer et se met en place de soi-même et avec bonheur. Sans que tu lèves le petit doigt.

Et tu penses que tu as intérêt à prendre de la distance, puisque nos familles, nos mondes, s'éloignent et s'opposent comme dans les romans sentimentaux.

Cette fois quelqu'un s'en est chargé délicatement pour toi.

Je suis très candide de me retirer au milieu de l'amour qui me lie à toi, car il est solennel et élégant. Il ne s'agit pas de comparer, mais je ne sais pas si quelqu'un t'a mesuré selon mes liens. Je te vois grand, immense, incomparable. C'est ainsi que je te vois pendant que tu me laisses m'en aller, dénouant ces rubans qui te mesurent.

Je t'assure que tu n'as pas assisté à la tumba francesa, ou à des danses noires inconnues de moi ; elles se font et se défont d'un mât vers les mains des enfants de l'amour.

Voilà Anaïs, évoluant avec courage, perdant quelque chose qui ne lui a jamais été donné. De la même façon que j'ai dédaigné Père, je te dédaigne irrémédiablement.

J'écris toujours pour toi. Le Journal t'est destiné, malgré la colère.

Nous saurons un jour pourquoi. Je n'ai pas la réponse. Je ne veux pas toutes les réponses. Je viens d'un autre monde.

Voltaire a dit que sans nous, sans les femmes, la vérité ne serait dite qu'en latin. C'est pour cela que, en espagnol, en français ou en anglais, je t'adore comme le moment où je t'ai embrassé. Mais je peux partir, et tu parviens de la sorte à mener ta vie habituelle, sans que je constitue un objet de peur enfermé dans ta banque aux serrures victoriennes, blindé, protégé parmi tes héritages et tes protections.

Moi, confinée dans une boîte aux lettres différente, vivant à une adresse inconnue, cachée, reléguée, perdue dans ce beau paysage. Envoyant des lettres à un tiers dont j'ignore s'il pourra te voir pour que tu puisses me lire comme j'en ai besoin.

C'est exact. Je me retire avec l'élégance des dames. Voilà ce qu'ils ont obtenu de moi : distance et catégorie. Éventail et rumeur.

... et je me suis sentie si violemment consciente de la brûlure de l'amour que j'ai failli me mettre à genoux pour bénir je ne sais qui, car je peux désormais dire que j'ai connu les plus hauts sommets de la passion, une passion totale, sensuelle et mystique.

J'ai essayé de te dire quelque chose. J'ai pensé que la valeur de mes mots te ferait bâtir à Paris un nid qui s'appellerait La Maison Février ou peut-être : Linotte. Mais tu m'as transformée en « les autres » et cela m'a fait mal. Je suis blessée.

Je t'embrasse.

Je me soigne, Cuba détient le remède.

Ta

LINOTTE

Le Journal m'a appris que c'est dans les moments de crise émotionnelle que les êtres humains se révèlent dans leur vérité la plus grande. J'ai appris à choisir ces points culminants, car ce sont les instants de la révélation. À onze ans, il m'a été donné comme une condition divine pour alléger l'absence de Père ; aujourd'hui, depuis Cuba, le Journal me sauve comme un fétiche, un jet d'eau, une amulette qui dépend uniquement de mon intelligence et de ma sincérité.

J'ai passé la journée avec mes amis à la Radio Party du Tennis Club. Ce sont tous des collègues de mon cousin Carlos de Cárdenas, qui est un champion de sports aquatiques. Il me fait beaucoup penser à Thorvald, mon frère, il est très audacieux et atteint toujours son but. Nous nous y rendons avec Tia Anaïs et Edelmira, et aussi Anaïsita, Cuca, *M. Jorrín, Juan Aval, A. González, C. Sandoval, G. Morales et A. Béquer.*

Ils rient, plaisantent en espagnol, dans un cubain rapide, comme pour que je ne comprenne pas. Mais ils me plaisent dans cet indigo qui contraste avec leur teint de bronze. C'est presque l'hiver, mais je plonge et je flotte dans la chaleur.

Je suis entrée dans la mer et j'ai eu l'impression de ressusciter, exactement comme au moment où Dorado m'a plongée dans des fleurs imprégnées de fragrances. Ici la mer est calme, tiède, le sel vous porte. Sa densité vous fait graviter, on s'allonge et j'apprends presque à nager, mais la pesanteur s'accroche à moi et ne me permet pas de léviter longtemps ainsi. Je me sens propre. Tout est aqueux et bleu, transparence. Des animaux de verre qui donnent de l'urticaire, comme des méduses, flottent et dansent entre nous.

Tout brille. Les gens rient. La maison du club est en bois blanc, et des employés âgés envoient des pelletées de sable au bord de l'eau. Les enfants construisent des structures indéfinies, avec un sérieux infini, exactement comme un architecte conçoit la maison du futur. Je voudrais aller vivre dans cette construction labyrinthique, même si le soleil fait mal et que ma bouche est affectée par des ampoules et la soif.

Mon costume de bain est immense et peu seyant. On me regarde. Je préfère avoir de l'eau jusqu'au menton. Carlos essaie de me faire nager et j'apprends, ici où la température est agréable. J'espère revoir Julián. Je vois passer les bateaux, à un rythme parfait, les hommes se déplacent à l'unisson en faisant avancer l'embarcation jusqu'à la ligne bleue plus sombre.

Il est défendu de penser à Hugo en cet après-midi de soleil parfait. Ma cousine Anaïsita se met des flotteurs, mais moi, j'essaie de me débrouiller toute seule. Je peux me noyer, je peux ne pas revenir, disparaître, je suis mon propre danger au milieu de tous les éléments.

Le soir : Réception à Noguers House, je m'ennuie, rien de nouveau. Mon oncle, ma tante et mes cousins veulent tout le temps me présenter des prétendants, mais non, mon état ne le permet pas.

Au retour, en voiture, je me demande :

Suis-je suffisamment intelligente pour devenir Femme et Écrivain ? Est-ce possible ?

J'ai lu l'ouvrage de Sydney Smith, *Essai sur l'éducation des filles*. Il m'a persuadée que je devais choisir, mes crayons et mes livres ou mon bonheur domestique. Je m'imagine parfois seule avec mes Journaux, ou, en revanche, en train de déchirer le Journal feuille à feuille, pendant que je donne le sein à un enfant et qu'un plus jeune crie sans relâche. Je ne sais pas ce que je veux vraiment, alors imagine Hugo. Je ne peux pas exiger de lui ce que je ne trouve pas en moi. Il veut vivre comme un homme normal pour connaître la vie, il croit que c'est la seule façon d'écrire. En vivant comme un homme ordinaire. Mais je sais que c'est un Roi. Linotte le sait et c'est suffisant.

La clé avec Hugo n'est pas de l'abandonner, je ne peux pas, voilà la clé : *Il possède la patience la plus incroyable, la plus illimitée, la plus inimitable et la plus exaspérante du monde.*

Il m'arrive de pleurer, et Antolina veut savoir pourquoi. Je ne parle pas, je me ferme au monde. Je ne veux rien raconter, même si je sais que cela me ferait du bien, beaucoup de bien, de parler.

Ma cousine Cuca est réticente au mariage, elle pleure avec moi, me dit qu'elle ne croit pas à l'amour imposé par l'argent, ni aux conversations de salon avec ce petit rat d'exposition décharné qu'on lui a imposé. Elle part faire les magasins avec ses amies pour oublier, elles dépensent ce qu'elles n'ont pas, simulent, simulent, puis elle vient dans ma chambre, pour se réfugier auprès de moi, ma tête est censée ne pas servir uniquement à porter mon chapeau, pour m'entendre dire : – Ça suffit. Apprends à dire *non*.

Je passe des journées sans écrire. Je me distrais, me laisse aller à la frivolité. Je n'ai pas d'amies, que des amitiés masculines. Mes tantes ourdissent parfois des pièges avec des fils de planteurs de canne, d'entrepreneurs, de commerçants. Ils me traitent d'une façon qui n'est pas celle que j'attends. Je veux être libre ou à Hugo.

Agenda des frivolités ou Journal d'une jeune fille de la bonne société :
Invitation au thé du Country club : Baby, César Bassals, Gonzalo Morales.

Elles discutent, bavardent, s'inclinent, parlent constamment des hommes. Elles les soupèsent comme des lingots d'or.

Ils me regardent et transgressent tout. J'adorerais qu'il en soit ainsi, s'il y avait au moins un signe de substantialité sous les paupières qui violentent ma vision du paysage, de la quiétude que l'après-midi me procure. Le soir tombe paresseusement sur l'Île et je sais qu'elle laisse partir sa lumière à regret.

De retour, je reste dans ma chambre pour écrire, soudain on frappe à la porte et oncle Bernabé et tante Anaïs apparaissent. Ils sont venus me reprocher la détermination de Cuca, elle refuse d'épouser son fiancé. Je n'ai rien à voir là-dedans. Je me suis contentée de l'aider à réfléchir. Ils ne s'inquiètent pas pour leur fille et ne se soucient pas de ses souffrances, ils disent que je suis une idéaliste obstinée, que je ne respecte rien et que j'ignore ce que la famille fait pour moi.

Mon oncle et ma tante, avec cette double vie. Bernabé à Camagüey et avec d'autres enfants. Anaïs oubliant qu'elle a été belle, talentueuse, femme.

Mon oncle ferme la porte et me crie que je suis malveillante. Que mon influence va tout contaminer. Je me sens une fois encore *une intruse**.

Je descends à la salle à manger, il est 2 heures du matin, je devine qu'ici personne ne dort. J'ai vu juste, Tia Antolina prie devant la Vierge de la Charité du Cuivre et le portrait de Rafael de Cárdenas, le général, l'oncle, le poète, le policier, le bohème, celui qui pose sur l'immense portrait à l'huile du salon. Rafael me regarde, me suit, et je me cache face à ma tante. Elle n'est pas surprise, mes cernes ne mentent pas. Je ne dors jamais.

Je lui demande de m'écouter. Je vais essayer de me dévoiler comme dans le Journal. Je n'ai jamais parlé comme ça même avec Mère, mais je veux le faire véritablement, jusqu'au bout.

Tout est arrivé en avril de cette année, Hugo dit que ses parents me rejettent de façon catégorique et manifeste. Les raisons en sont claires : je suis pauvre, latine, et surtout catholique. Je vois les mains de ma tante saisir avec fureur le chapelet noir et s'y accrocher avec une grande mauvaise humeur.

Je lui raconte qu'au mois de mai Hugo m'a dit que malgré tout, malgré les objections de ses parents, il m'aimait. Au-delà de toute crainte, la plus grande peur pour lui est de perdre son lien avec moi, ce que je lui donne, ce que je représente le fait revivre. Je suis son tonus musculaire, son exaltation, son extase.

Le 8 juin, nous nous sommes fiancés en silence, je ne l'ai même pas dit à Mère, seuls Hugo, le Journal et moi étions au courant. Je demande à ma confidente de garder le secret. Elle y consent, abasourdie, et le chapelet repose maintenant sur la table.

– Vous savez que cet été je suis allée à Woodstock, à New York, dans une résidence d'artistes. Je suis restée seule en ce lieu, j'ai compris que je pouvais le faire, sans personne d'autre. En conservant un self-control que je n'avais jamais connu. Là, j'ai connu des gens particuliers, et je ne faisais pas exception. Ils me distinguaient eux aussi de la multitude, chère Tia.

Mais Mère est arrivée et je lui ai dit que nous avions l'intention de nous marier, malgré tous les obstacles. Elle m'a rappelé des choses que je voulais oublier, entre autres raisons à cause du chemin lumineux des expériences que j'avais vécues là-bas, je me sentais entière et je ne voulais pas faire remonter le pire en moi, remuer le lourd passé de mes parents.

Je ne veux pas être une maîtresse de maison, et Mère pense que nous devons vivre tous ensemble dans la normalité absolue, elle veut que je l'imite.

Tu ne fais que rêver, rêver, rêver, fifille, et c'est bien ce qui m'inquiète chez toi. Avec un tel caractère, tu te rendras très malheureuse, a-t-elle dit.

Mes larmes jaillissent d'elles-mêmes. Je peux enfin pleurer. Cette humidité très salée me calme pendant que ma tante m'enveloppe dans sa couverture. Je m'agenouille sur le prie-Dieu. Me voir inclinée devant ses plantes est inhabituel, mais elle y voit un signe d'humilité. Anaïs à genoux ! C'est presque un miracle ; depuis l'enfance, j'entends que la famille me considère comme possédée par quelque chose que je n'ai pas. La fille de mon père. Orgueil et rancœur.

En septembre, avant que l'on m'oblige à monter sur ce vapeur, les parents d'Hugo, fermés à toute discussion, lui ont clairement laissé entendre qu'ils lui interdisaient fermement de m'épouser. Ils le déshériteraient… et entre eux et moi il y a un océan, ils m'ont fait disparaître parce que je suis une proie si facile pour eux que je n'existe plus, ou plutôt je n'ai jamais existé, je le sais.

Hugo n'est pas sûr de pouvoir m'entretenir. Entretenir Mère, Thorvald et Joaquín. Il n'y a pas de figure paternelle, c'est là le centre de tout. À nouveau l'état d'orpheline, la pauvreté.

Cette résistance nous a poussés à certaines extrémités. Hugo doit changer de vie pour m'obtenir, changer de religion, et peut-être même de monde. C'est dur pour lui, dans le fond je le comprends et pourtant j'agis comme si je ne l'entendais pas. Je fais la sourde oreille. S'il s'impose, il peut y arriver, c'est la force de l'amour, comme les ouragans, comme les chiens de traîneau qui vainquent la neige. Je ne suis pas femme à accepter de ne pas pouvoir changer les choses, je veux changer le cours du destin, c'est là ma plus haute lutte. Transformer la peur en courage, la pauvreté en luxe, le malheur en chance. Je ne suis pas une jeune fille conformiste, nous méritons beaucoup mieux, des désirs s'envolent de mes yeux tels des papillons de feu.

Ma tante se lève, elle va dans le jardin. Elle ouvre les paravents, et l'odeur de citron parvient à me calmer.

Je ne sais pas où il est aujourd'hui.

Ses lettres sont ambiguës, sa conduite, équivoque.

Ma tante me dit qu'on l'a envoyé en croisière en Europe.

J'acquiesce.

– C'est ce que ses parents voulaient.

À nouveau les parents, le drame shakespearien des parents. Mon père n'est d'aucune aide, Thorvald ne va pas à l'université. Il renonce pour nous à une bourse fabuleuse. Nous devons aider Mère à s'occuper de la maison et Joaquínito dans ses études, c'est lui le génie de la famille. Le pianiste, l'héritier. Son art est palpable. Le mien, de l'éther. Personne ne fait de présages à mon sujet.

Mère est en faillite, elle ne parvient même pas à honorer ses factures. Le jour, je travaille en faisant de la couture dans une usine de vêtements de la Septième Avenue et la nuit en posant pour les artistes. Les photos de *Live* ne représentent pas un motif d'orgueil pour moi, elles font partie d'un drame qui perpétue ma pauvreté.

Maintenant Père veut nous récupérer, il demande qu'on se réunisse en Europe, je m'y refuse. Je lui ai écrit une lettre, ce dont je vais peut-être me repentir, et j'espère que, au moins, en me lisant, il regrettera tout ce qu'il n'a pas fait pour nous. Pendant que vous, ma famille, vous le remplaciez, il s'échappait avec Maruja pour vivre les plaisirs d'une vie qu'il nous refusait formellement.

– Ma tante, je vous suis reconnaissante de tout ce que vous avez fait pour nous depuis que Père nous a abandonnés. Mais surtout, je vous suis reconnaissante de cette pause, de cette bouffée d'air. Cuba n'a pas soigné ma douleur. Rien qui vienne de l'extérieur ne peut en soigner la profondeur. Mais mon esprit se reconstruit et, même si je ne vois pour l'instant que du brouillard, le fait de posséder un nœud, un noyau, me réconforte.

Je suis ravie que Mère ait pensé à m'envoyer ici. Elle savait qu'ils pourraient me donner un abri, et me voilà. Enveloppée dans ta couverture, sous des évaporations de citron. Morte d'incertitude et avec la plus blanche et simple illusion d'une fiancée, avec les attentes vitales de n'importe quelle adolescente impressionnable.

Je sais bien que je ne serai jamais une jeune fille normale. Je n'ai pas eu une histoire normale non plus. Ni Hugo ni sa famille ne peuvent exiger de moi que je le sois.

« Latine et pauvre », j'ajoute « orpheline et émigrante ». Mais ici, parfois, entre le club et les théâtres, en descendant de l'automobile, je me fais une idée de la normalité, et cela peut compenser.

Je ne crois pas à la vie ennuyeuse de tous les jours. Mais je crois aux attentions, à l'ensemble des attentions qui vous éloignent de l'état d'orphelin. Si j'avais tout reçu dans l'ordre, je serais peut-être une rebelle. Aujourd'hui je me rebelle autrement. En voulant m'attacher un homme que la société me refuse et que le cœur me réclame.

Antolina me raconte que toutes mes tantes sont parvenues à un consensus, et ont décidé que le mieux pour moi était d'épouser un homme qui ait de l'argent et assez de courage pour entretenir mes rêves, rester à Cuba, vivre comme je le fais actuellement. Puis Mère viendrait, et on enverrait Joaquín en Europe pour y étudier avec un grand maître, comme l'a gentiment fait grand-père quand Mère a décidé de « recueillir » le musicien. J'ai mal, chaque mot me fait mal. J'ai beau savoir que ce sont des vérités, je ne parviens pas à les accepter. Il me faut apprendre à avaler les couleuvres, les mots seront de la sorte des instruments, et je n'aurai pas de limites pour les utiliser. Je dois savoir qu'une femme écrivain n'a pas peur du son d'un verbe.

J'essaie d'être aimable, j'avale, je pense et je lui avoue que même si j'ai voulu m'abuser dans le Journal, je ne désire pas un homme riche. Je ne veux pas d'un Cubain fortuné. Je ne veux pas d'un visage anonyme. Je veux épouser Hugo ou être une femme indépendante.

Ce que je ne dis pas en réalité, c'est mon souhait d'épouser Hugo et d'être, avec lui, une femme indépendante.

Mais j'en ai déjà trop dit. La Générale prépare un café au lait trop doux, ouvre les portes de la cuisine, et les domestiques disent bonjour, ils entrent sans faire de bruit. Je monte avec la fragile tasse anglaise dans les mains, en équilibre dans l'escalier. J'essaie de dormir, les coqs chantent. Je suis sous bonne garde et je me sens soulagée.

C'est dimanche, le curé qui officie dans la petite chapelle familiale vient de partir.

Pour moi, la foi n'a besoin ni de chapelles ni de réunions. Elle croît en moi. Je ne la partage pas.

Aujourd'hui nous devions nous rendre dans plusieurs endroits où l'on nous avait invités. Mais la voiture d'Antolina est tombée en panne. Je vois qu'on la démonte sur la pelouse devant le garage, et la graisse a beau goutter et saigner en abîmant l'herbe, notre sortie est compromise. Pelo est un mécanicien désastreux. Son goût pour l'architecture lui réussit mieux.

Edelmira et son époux sont venus à la rescousse pour conduire la voiture à l'atelier de La Playa[1]. J'y vais, je veux découvrir ces parages.

1. Quartier de La Havane appelé « La Playa de Marianas ». (*N.d.E.*)

J'emporte mon Journal. J'écris et cela me protège.

En arrivant, je vois une autre automobile devant la nôtre. Sa propriétaire semble être une jeune fille coiffée à la garçonne, très court, en pantalon, trois cigares dépassant de la poche gauche.

L'odeur des substances utilisées dans la mécanique me provoque des irritations. Elle sortait de sous la masse métallique en secouant ses vêtements. Quelques secondes plus tard, allongée dans sa voiture décapotable, elle lisait un livre, concentrée, tout en épiant par moments avec méfiance la façon dont son mécanicien farfouillait dans le moteur.

De loin, on pouvait nous voir toutes les deux, d'une automobile à l'autre, dans des angles parfaits.

Mais elle ne me remarquait pas, le livre et son engin étaient plus importants que moi.

Mon oncle et ma tante s'entretinrent avec le monsieur qui se trouvait sous son automobile pendant que sa propriétaire continuait à lire imperturbablement.

Ils décidèrent d'attendre. Et nous attendîmes un long moment. Notes dans le Journal, crampes dans les jambes. Regards furtifs à la jeune fille sérieuse et concentrée sur sa tâche.

Tia Edelmira nous présenta enfin à distance, et la jeune fille consentit à tourner la tête pour me regarder ; je lui dis au revoir derrière la vitre. Elle descendit immédiatement de voiture pour venir très vite vers moi, distraite comme un page diligent.

Je lui dis que c'était un plaisir de faire sa connaissance, mais elle ne répondit pas à mes flatteries et me parla de son automobile en panne. Elle avait les mains couvertes de graisse, le livre était maculé lui aussi. J'ôtai mes gants et la pris par la main, et elle, avec son salut vigoureux, me fit frémir, me secoua dans un contraste parfait avec le plaisir que me causèrent ses mains tièdes et soyeuses qui caressèrent les miennes avec innocence.

Elle était ainsi, elle masquait ses traits féminins en nous abusant par sa façon de s'habiller rude, masculine et surtout transgressive.

Elle lisait un livre en français. Quelque chose sur la grammaire dont je ne parvins pas à apercevoir le titre. Le mécanicien finit par achever son travail pendant que j'étais impressionnée de connaître cet être qui ne ressemblait pas du tout à mon entourage.

Ma tante me fit monter dans la voiture, nous emmenâmes le mécanicien à La Finca, derrière nous « elle » suivait, tenant le volant avec une grande détermination. Edelmira dit qu'elle s'appelait Flor et descendait de l'une des plus illustres familles de La Havane. Son père fut général à la guerre et un grand ami d'oncle Rafael.

Flor nous suivait pendant qu'Edelmira donnait des instructions. Les raccourcis que choisissait mon cousin Felo étaient impraticables, mais elle s'y engageait sans hésiter.

Il était évident qu'elle s'invitait à la maison.

Personne ne l'y avait conviée, mais je crois que mon odeur l'attira, elle savait, nous savions que nous allions devenir amies tout de suite.

Ma tante ouvrit les yeux à son mari, l'Américain imposant. Sa voix s'éleva avec beaucoup d'élan pour nous rappeler en anglais que :

– Même s'il s'agit de la Brebis Égarée de la famille, c'est une Loynaz et il faut se lier d'amitié avec elle à ce titre.

Le commentaire ne la défendait pas, il intriguait plutôt et tentait également de la racheter.

Le mécanicien rapporta du garage des milliers de pièces qui me rappelèrent les jouets de Thorvald, mon frère.

Flor les nommait avec précision. Felo acquiesçait, et elle régla la question avec le mécanicien : c'était le moteur, ce qui signifiait que nous ne sortirions pas d'ici un bon moment de l'ennuyeuse tranquillité de la Finca.

Flor fut invitée à dîner sur-le-champ par Antolina et elle accepta tout naturellement. Puis elle demanda la permission de passer deux appels téléphoniques. Nous entrâmes au salon et je lui proposai d'aller se laver les mains. Elle se moqua de moi comme s'il s'agissait d'une chose *démodée* ou incongrue. J'ai honte d'être aussi soignée et affectée.

Je jure de ne jamais plus mettre mes gants à Cuba.

Nous nous lavons, nous inventons des jeux d'eau,

pendant que nous nous essuyons elle me raconte des choses que je note pour ne pas les oublier.

1. Son ami Enrique Fontanills écrit un article sur moi dans une revue mondaine. On y raconte que je suis le modèle préféré de Charles Dana Gibson…

2. Ses frères et elle écrivent et possèdent un excellent cercle littéraire qui se réunit chez Dulce[1], l'aînée. J'y suis invitée.

3. On veut me marier et on raconte que je suis folle d'un Américain qui ne m'aime pas.

Je manque tomber raide morte, la ville me connaît et je ne connais même pas la ville.

Quel pays ! Comment peuvent-ils en savoir autant en si peu de temps ?

J'essaie de lui expliquer que je ne suis pas modèle, que c'est juste pour gagner ma vie mais qu'en fait j'essaie, je m'efforce d'écrire. Juste ça.

Elle l'a déjà découvert par le Journal. Ses frères ont tenu des journaux pendant des années. Tous écrivent sauf elle, elle ne veut pas parler sur papier par crainte des indiscrétions. Il se trouve

1. Dulce María Loynaz (1902-1997), célèbre poétesse et romancière. (*N.d.T.*)

toujours quelqu'un pour violer insidieusement les feuillets.

Elle me demande ce que je fais pour le réveillon, Noël approche.

Je lui réponds que je ne fais rien, elle dit qu'elle fait TOUT. C'est dans un mois, mais elle prépare une délicieuse escapade et elle m'invite.

Nous allons sur la pelouse. De là, ils peuvent nous voir mais pas nous entendre, et ils se sentent même plus tranquilles. Antolina fait sortir la table de la cuisine dans le patio. Elle met la nappe en lin qui s'envole librement jusqu'aux chambres de service, les domestiques courent, lentement, les Noirs courent d'un pas traînant comme des princes, sans hâte, ils volent derrière la nappe. Puis ils servent des jus de corossol, très lentement aussi, comme sans le vouloir, ils n'ont pas besoin de courir, ce n'est pas leur style. Le corossol est une merveille, il a un goût blanc et kaléidoscopique. Le corossol permet de deviner des saveurs à l'intérieur de la force que possède déjà la sienne, il s'empare de ma bouche et m'exalte les sens. C'est mon fruit préféré. Je trouve en lui les sollicitations sensorielles des tropiques.

Flor et moi parlons de mille choses. Elle est allée à Paris, a appris un peu de français, et nous finissons par communiquer dans un dialecte composé d'un espagnol émaillé de français qui nous plaît beaucoup. J'évoque Hugo, je parle comme jamais, sans m'arrêter.

Elle me dit que l'année dernière on a installé le câble pour les appels à l'étranger. Je peux composer le 0 ou la lettre A au local public, et l'opératrice me mettra en relation avec New York, d'où ses collègues achemineront l'appel à Paris :

– Nous avons appelé par ce biais beaucoup d'amis depuis l'hiver 21.

Il existe sous la mer un câble qui conduit ta voix partout, c'est incroyable !

Elle m'incite à essayer. Elle m'emplit de courage. Mais je ne sais pas si Hugo est en mer, peut-être se trouve-t-il dans un hôtel possédant le téléphone. Je compte aussi appeler ma mère, je ne lui ai même pas écrit, ou peut-être Joaquín pour qu'il retrouve la trace d'Hugo. Mon frère le ferait pour moi, je le sais.

J'ai l'estomac noué. Le soleil m'étouffe. Flor me donne tellement de vie que cela produit un excès d'anxiété inconnu de mon corps. Cette anxiété que Hugo ne comprend pas est pourvue d'un cordon ombilical qui relie ma mer à son corps.

Toutes les deux étendues sur l'herbe, nous rappelant certains poèmes que nous avons curieusement lus en même temps, reconnaissant des romans que nous avons en commun, des aventures enfantines, des chansons scolaires. Mes tantes bavardent au loin. Les employés passent à distance, sans même nous voir. On entend le piano, Antolinita (Baby) fait ses gammes.

Flor me lit un de ses textes consacré à l'automobile.

Je ris à gorge déployée, abondamment, non seulement à cause du texte, mais de sa traduction en français puis en anglais. Je lui demande de me le réciter en espagnol, rires en cascade :

À LA « BOVINE »

(en la remerciant de sa précieuse collaboration dans les moments difficiles)

Le moteur gronde
bas et creux :
il est rare que le moteur de la machine
gronde comme la mer.
La mer ! Le métal gronde comme la vague.
Les pneus sont gonflés,
les roues commencent à tourner en silence,
puis tout le paysage
au souffle du vent.
L'asphalte de la rue
a dérobé à l'aube un gris léger.
Asphalte de la rue, brisé par endroits !
Toi, tu as tes lampadaires allumés
et moi les yeux démesurément ouverts...
L'eau des flaques regarde en haut
extasiée dans les miroirs !
Et toi et moi sautons dedans,
brisant des mares, brisant des ciels !

Nous sommes très complémentaires alors que nous nous connaissons depuis trois heures à peine. L'herbe pique. Le soleil brûle.

Flor regrette quelque chose qu'elle n'a jamais eue. Elle me demande un peu de mon déracinement pour avoir un sujet de plainte. J'adore Flor. Sa leçon est unique. Elle a tellement de racines qu'elles ne la laissent pas se relever du sol.

Moi, je n'en ai aucune, je suis donc une plume que le vent emporte. Nous soufflons irrémédiablement dessus. Ouh ! Ouh ! Ouh !

Depuis le début du déjeuner, je prie pour voir l'instant où, après le café, Flor allumera son énorme cigare au milieu de la discussion des hommes. Je suis sur le point d'éclater de rire. Flor semble irréelle, à cause de sa liberté et de sa démence, paisible comme une colombe, maladroite comme un poney, agitée comme l'écume des falaises que j'ai vues sur la côte. Cette dent de chien habitée par des maisons blanches, interdite et peu fréquentée. Là où les riches emménagent pour voir la mer de près et ne jamais oublier les bontés d'une île.

Je devine que Flor provoque des irritations, des désastres autour d'elle. Comme on disait de Claudius, l'empereur romain : « Capable de détruire un royaume rien qu'en y marchant. »

Elle semble partir comme une flèche, et je sens que je ne la reverrai probablement jamais. Elle porte un voile, le voile qui recouvre sa propre beauté, elle ne la désire pas, elle souhaite la dissimuler en se mettant des toiles d'araignée sur le front. Flor est plus réelle que nous tous car elle conserve son instinct intact. Elle est nature, sans appréhensions.

Elle me raconte qu'elle a un projet. Elle veut aller vivre seule dans la propriété Santa Barbara qui se trouve sur le chemin de la plage. Là, il n'y a que des jardins et des fourrés ; si elle gagne la confiance de sa famille, elle fera peut-être construire sa maison au milieu de ces arbres centenaires. Elle m'y emmènera un jour – si je veux, bien sûr. Elle m'emmènera aussi au port et dans ses bars. Quand son automobile démarre, elle me laisse seule. Elle m'abandonne. La Finca se remplit d'ombres ocres. Ses grands yeux ouverts devant moi font peur.

Flor a des airs de New York sans y être jamais allée, mais elle a l'odeur de Cuba et ne peut s'en défaire parce qu'elle étoufferait si son chemin la détournait de sa maison. Celle qu'elle choisira pour devenir la sienne. Elle aura beau choisir un foyer, elle ne pourra jamais avoir un chez-soi car c'est un oiseau rare, mais elle aura un château qui la protégera des regards étrangers. Qui la rendra indépendante et la libérera des imprécateurs.

Je voudrais m'installer dans le monde qu'elle a souhaité fonder. Ce que construira Flor, son univers, sera clairvoyant et me touchera comme des stigmates. Elle suscite en moi une exaltation que je n'avais jamais ressentie auparavant. Mais je dois chercher mon propre centre, nous sommes deux enfants, qui garantit que ces univers ne changeront pas, ne se transformeront ou ne s'éclipseront pas ? Cela dépend de nos tracés et de la direction qu'emprunteront nos chemins. Ce sont des néons qui peuvent s'éteindre à tout instant si nous ne surveillons pas attentivement nos vies. Je la laisse partir comme l'eau sort de mon corps.

À Cuba, je prends ma douche le soir. La sueur disparaît et je me couche dans l'odeur d'eau de Cologne et de talc parfumé.

La nuit tombe. Je hais les dimanches. J'ignore de quoi il s'agit, mais le dimanche à 7 heures du soir tout m'abandonne et un son aigu résonne à mes oreilles jusqu'à me plier de douleur.

Je m'agenouille sur mon lit et je prie pour mon âme, à cette heure je n'ai plus de corps. Aucun corps ne saurait écarter ce fil douloureux qui me transperce.

Si je réfléchis intensément à ce qui arrive à une femme, à cette femme unique, je n'ai pas à partir immédiatement et à devenir quelqu'un d'autre. Je pourrais être de nombreuses personnes. Je le serai désormais.

Je ne permettrai plus que ma vie et mon cœur tout entiers restent attachés à une seule femme ; je ne souffrirai plus autant. Dorénavant, tu devras être un peu plus qu'une seule personne, tu dois en être de multiples, toutes celles auxquelles tu pourras penser…

Je suis restée silencieuse. Je souhaite continuer ainsi un certain temps.

Je vis, je vis. Je préfère me laisser aller avec le Journal pour de brefs instants. Prendre mes distances avec l'obsession irrégulière qui ne s'arrête pas avec l'encre, je souhaite m'accrocher fermement à l'expérience vécue des choses tangibles. Voir, marcher, prendre, toucher, manger, sentir sans être trahie par ce que j'écris.

Je note le nom des lieux pour ne pas oublier, des personnes que je ne dois pas laisser en chemin. Je veux tenter de rester silencieuse pendant un certain temps.

J'essaie de découvrir cette Anaïs réelle, pas l'invention que je provoque en moi quand mon doigt touche le fond de ma gorge et que je rejette à l'extérieur le débit qui ne peut mûrir en moi faute de le laisser s'installer comme il se doit.

Suite : Agenda des frivolités ou Journal d'une jeune fille de la bonne société

– Thé à l'American Tea Room : Baby, Tia Antolina, Bassals.

– Réception à la maison : R. Collazo, Sandoval, Ovies, Pascual Rojas, G. del Valle, Noguer.

– *Radio Party au Tennis Club : Alfredo Belt, M. Jorrín, A. Beguers, González. G. Morales, M. Villalba, etc.*
– *Great ball au Tennis Club.*
– *Tennis au Country Club : Baby, Carmen Angulo, Alfredo Belt, Billy Belt, Puguense Mendoza, Esther Herrera.*
– *Thé chez Catalina Rivas : Mario Villalba.*

Ce matin, ma cousine Baby, Antolina et moi nous sommes rendues dans les endroits suivants :
(Je note tout pour Mère et, peut-être, secrètement pour Hugo.)

Salon de coiffure : « Cosmopolita. Cf. »
16 rue Obispo. Téléphone : M - 4036
*Madame Gil**
86 rue Obispo. Téléphone : A - 6977+

Ensuite, les cheveux bien apprêtés et raides, après avoir écouté au salon toutes les sottises féminines imaginables qui ne nécessitent pas de comprendre l'espagnol, nous sommes allées acheter des chocolats. J'adore le chocolat. J'ai lu que c'était une drogue fabuleuse contre le manque d'affection.

Chocolat « LA ESTRELLA »
88 rue Obispo
Téléphone : A - 2876

J'ai voulu m'acheter un nouveau cahier, le voyage a été substantiel et j'ai besoin d'en écrire davantage, je ne veux pas continuer à m'imposer des interdits.

Papeterie : MARCOS MORONA
90 rue Habana.
Téléphone : A - 9995
Machines à écrire de bureau en tous genres.
Papiers. Cahiers. Encre.

Tia Antolina nous a acheté de beaux éventails, à ma cousine et à moi. Cet après-midi je lui en offrirai un laqué, espagnol, cadeau de la famille Madriguera à New York pour mes quinze ans.

La bonté d'Antolina n'a pas de limites. Même si je ne parviens pas à voir ce qui se passe dans les rues, elle nous soutient et nous guide fermement à ses côtés.

ÉVENTAILS. Manon. F. F. et Ca. 100 rue Obispo.
Téléphone A - 7467.
(La rue Obispo s'appelait alors Pi y Margall. Puis elle reprit son nom original.)

Je sors des commerces et regarde à l'intérieur des maisons. Une honnêteté devant la pauvreté se rebelle impitoyablement en moi. Je vois les extrêmes du mal.

L'exubérance sans pusillanimité, la pauvreté sans timidité.

Je ne comprends pas, ma famille marche très vite dans les rues. Ils me pressent pour m'empêcher d'observer la douleur. Mais un jour je trouverai la beauté dans la douleur ; dans mon propre monde il existe une sublime douleur accumulée.

Tous me distraient pour que je ne juge pas, pour que je respecte les règles du jeu. Cette exubérance de certaines connaissances qui annoncent leur richesse en couvrant de boue ceux qui les regardent d'en bas. Ceux qui mendient sans rien recevoir.

De tous côtés je vois des questions, je suis assaillie par des choses derrière lesquelles je souhaite aller, trouver des réponses auxquelles mes cousines répondent d'un air étonné. Ma tante est peut-être lasse des guerres. Elle est veuve de général.

Je réfléchis trop. Je ne sais pas si la raison en est la lumière, mais à Cuba on voit les choses avec une transparence et une exactitude enviables. La lumière conspire avec la dissimulation. Tout se remarque avant de pouvoir être nommé. On voit venir les choses tranquillement.

Rien ne peut être caché. Même si l'on essaie et que l'on saute à l'extérieur, une lampe à la main.

Je suis rentrée à la maison exténuée après les courses et les promenades. Les rues font sauter l'automobile jusqu'à me démonter de l'intérieur. Comme Flor, je sens que j'ai des rondelles et des vis lâches qui m'intègrent et me désaccouplent. Je veux écrire, j'en ai assez d'être un contenant. J'en ai besoin une bonne fois pour toutes.

Durant plusieurs jours je vécus sans ma drogue, mon vice secret, mon Journal. Et je m'aperçus de ceci : je ne pouvais supporter la solitude ; que tout en écrivant le roman sur d'autres femmes, il restait encore bien des choses que je ne pouvais leur donner. Je m'aperçus qu'aucun des personnages composites ne pouvait contenir toutes mes expériences ni ce dont j'avais conscience ; que de rester à l'intérieur d'eux aboutissait à un rétrécissement de l'horizon et des perceptions, à une conscience réduite. Je sentais des moules étroits. Je m'aperçus qu'aucun des personnages inventés ne pouvait contenir mon obsession d'une vie sans limites, agrandie, sa complétude.

Intégration. Ce que j'éprouve maintenant ressemble à regarder le mercure dispersé qui se rassemble magnétiquement en un tout. Ce moment est comparable à la différence entre le télescope et le microscope. Ma soif des voyages est calmée. Le proche est devenu le merveilleux. Ma vision disposée pour n'observer que le lointain s'est concentrée sur l'immédiat... Je suis allée voir des objets exposés dans des boutiques et je regardais les gens aussi superficiellement que ceux-ci regardaient les objets exposés, d'un coup d'œil rapide. J'apprends à vivre superficiellement. La joie n'était pas forcément dans le midi de la France, le mystère au Maroc, l'art de conter seulement à Haïti, le rythme et la musique chez les Noirs, mais tout cela pouvait venir de soi-même.

Il faudra que je le crée de l'intérieur.

Pas de nouvelles d'Hugo…

Noël et les caisses de pommes qui me rappellent le monde, ce monde froid que je détestais autrefois et auquel j'aspire maintenant, ne te ramènent pas non plus. Noël qui approche en me privant de ton nom ne te ramène pas.

En se revêtant de toi par transparence.

Je ne te vois pas dans le temps ni dans l'eau, faisant tourbillonner mes envies.

Rien ne remplace ton silence, tout me manque, je perds toute chose.

Quand tu t'enfuis dans le dessin de Manet tu me découvres et tu m'oublies. Ici la nuit ne va pas changer, les saisons n'ont même pas été marquées.

Intacte pour toi, j'arrive et je reste, ne changeant qu'à l'intérieur, inaperçue.

Comme si Cuba faisait partie de ton jeu. Je suis loin, comme si je m'écartais de la toile, plissant les yeux à distance, et je la vois, je vois les touches de pinceau ; et l'ensemble me recrée comme un tout, seule participante active de la souffrance chronique, qui me laisse ce fragment de toi que tu as dérobé pour toujours.

Tout est troublant et tout me trouble.

Le grand privilège qu'apporte ce répit du chagrin, c'est qu'il libère l'esprit de son assujettissement à une seule émotion et lui permet enfin d'étendre son champ d'action et d'embrasser toute la situation : ainsi, encore une fois, il peut profiter de l'expérience et même s'en enrichir.

C'est dans cet état de répit que j'ai redécouvert La Havane. La Havane, en général, évoque des images d'anciennes cités mauresques – maisons de pierre blanchie à la chaux, toits en terrasse, voûtes, colonnes, balcons, constructions imbriquées les unes dans les autres, épousant les décors incroyables de ruelles étroites et irrégulières. Ou bien elle évoque des images de la vieille Espagne ; des vestiges de la domination espagnole se retrouvent partout : dans les maisons de la classe moyenne avec leurs murs de plâtre, leurs toits très hauts et leurs sols dallés ; dans la façon de s'habiller des Cubains, dans leurs goûts, leurs coutumes.

La tradition se retrouve dans le mobilier désuet et, dans un intérieur ordinaire, rien n'est jamais moderne, ou même un peu à la mode. Et la tradition se promène aussi partout dans les rues, et l'on est fortement tenté de faire cette prière : moins de tradition et plus de propreté !

Les magasins, les cafés, etc., s'ouvrent sur la rue. La misère est ici plus apparente, car on voit l'intérieur des maisons à travers les grandes fenêtres et les portes toujours ouvertes – jusque dans l'arrière-cour. Une hospitalité spontanée née des conditions climatiques et de la pression atmosphérique !

La pauvreté s'offre à tous les regards, nue, sans masque – vision frappante et repoussante pour un étranger qui, après un premier réflexe de condamnation, se sent bientôt envahi par un profond sentiment de compassion.

Une indolence toute particulière se reflète dans la démarche des habitants. Un pas traînant, toujours lent, un balancement délibéré des hanches, une manière de se laisser glisser, comme un serpent, reflet de cette paresse caractéristique des tropiques et d'autre chose que l'on pourrait appeler « apathie mentale », maladie généralisée à La Havane, du moins à mes yeux. La vacuité, l'absence de vie de l'esprit, voilà ce que je lis sur la plupart des visages. Un regard perpétuellement dans le vague, capable de s'illuminer sur le moindre objet, mais sans le moindre lien avec l'esprit, des yeux dépourvus de « vision » qui ne s'éclairent qu'à l'appel des sens avec quelques exceptions, mais ce qui frappe, c'est le caractère universel de cette expression, comparée à la multiplicité de toutes celles que l'on peut voir dans une foule ou sur le visage des passants d'autres villes dans le monde.

Traces de bigoterie religieuse – une ignorance foncière et un attachement superstitieux à la coutume –, absence totale de volonté individuelle, d'intelligence, de compréhension, une foi d'une simplicité enfantine : voilà ce que l'on trouve encore chez certaines femmes du pays. La plupart du temps, elles ne répondent même pas à l'idéal de beauté, car elles manquent de grâce, de charme et de culture. Elles ne sont mues que par la vanité et par l'intérêt – pour tout le reste ce ne sont que des poupées. Celles qui se montrent douces et soumises, c'est à cause d'un sentiment d'infériorité inconscient… avec quelques exceptions, surtout parmi les plus jeunes, qui sont éduquées sur le continent.

Le latin, extraverti, vivant, généreux, hospitalier, exprimant la « largesse » dans tous les sens du terme, serait plus apprécié et plus aimé s'il ne manquait pas aussi lamentablement de dignité et d'exigence. Celui qui est habitué à la retenue et à la délicatesse anglaises ne peut qu'éprouver du dédain pour ce laisser-aller, ce mépris de la bienséance et de la réserve, aussi bien chez les individus que dans la vie de famille, comme on peut étrangement le constater à travers toute la ville. Le Cubain, avec sa franchise, son irresponsabilité, son absence d'éducation, apparaît inintelligible à ceux qui possèdent instinctivement cette qualité subtile et indescriptible qu'on pourrait appeler « culture » (faute d'un meilleur terme) ou raffinement inné – ce qui inclut l'apparence physique, la façon de s'exprimer, la manière de vivre, au travers desquels se reflète irrévocablement le bon, ou le mauvais goût. Sur ces points, une indomptable grossièreté distingue le Cubain, une espèce de vulgarité primaire, celle d'un homme sans culture, inconscient de ses manques, et qui refuse la critique.

Nuit noire. La bonne qui fait le ménage dans ma chambre arrive et frotte la porte mollement.

Elle s'excuse pour l'heure, et sur un plateau en argent, recouverte d'une serviette en lin, elle me montre une enveloppe lilas. Je vois ses mains me tendre la lettre. J'hésite à la prendre entre mes doigts décharnés, tremblants. Je sais que les enveloppes lilas sont dangereuses, car elles proviennent d'une seule personne.

Une lettre de Hugo en réponse à ma tentative stupide, désespérée, de le faire réagir. Adieu, ai-je dit, adieu me dis-je à moi-même tout en essayant de lire le nom du destinataire, comme si j'ouvrais la paume de ma main.

Je préfère ouvrir celle, rosée, de cette bonne affable et serviable. Si cela ne tenait qu'à elle, les nouvelles seraient meilleures. Je sais que c'est terminé. C'est la fin.

Maintenant je ne me rappelle plus ce que j'ai écrit. Que faire ? Consulter le double dans le Journal ou déchirer ce courrier immédiatement pour ne pas lire ce que sera désormais ma vie ?

Je vais devoir assumer lettre par lettre le résultat de mon impétuosité. Je lui ai offert la meilleure des sorties possibles à distance. Je peux tomber d'épuisement, mais je choisis de lire. Je me rappelle les leçons d'échecs case par case. Ligne par ligne.

Une fois la reine renversée, échec et mat.

Anaïs :

Je ne peux pas te retenir. Ce fut un voyage bref et mémorable, où j'ai beaucoup perdu. Ta bonté n'a pas de précédents dans ma vie.

Tes cadeaux sont éternels. La structure est peut-être superflue, ou peut-être est-il vrai qu'il y a des distances, des barrières et des préjugés. Je ne peux pas te disloquer, mais m'éloigner dans un endroit où tu pourras encore me voir à distance.

Tout ce que tu sais est vrai. Je n'ai pas dit un seul mot sans le ruminer mille fois.

Je ne cherche pas à t'égarer. J'ai toujours essayé d'agir avec délicatesse, à la hauteur de ton innocence, mais à mon rythme et selon mon style. Tout n'est pas comme tu le souhaites, à la vitesse que tu désires, et je le regrette.

Je vois chaque mot que tu écris, chaque respiration, chaque peur, chaque insulte, ce sont aussi les miens. Tu me manques, Anaïs !

J'ai du mal à me détacher, mais je sais que ce que nous faisons est raisonnable. D'ici, je me surprends à te regarder, si élégante, montée sur ce nuage, me disant adieu.

Prends bien soin de toi, ma reine. Tu es si nécessaire au monde !

Ton Hugo, ton roi.

P. S. : Laisse-moi t'embrasser, je t'aime – toujours.

HUGO

Je n'en crois pas mes yeux. J'ouvre les fenêtres. Je déambule dans la pièce. Tout m'étouffe, il y a si peu de mots. Je ressens une asphyxie étrange, comme si ma glotte se refermait. Je me déshabille et descends l'escalier.

La maison est vide, je sais qu'on m'observe.

Je me sens coupable de descendre ainsi, mais je ne pouvais pas conserver les vêtements sur mon corps. Je marche, je marche. Je m'asperge d'un peu d'eau de la fontaine. Elle a une odeur de poisson mort, de fleur de lotus putréfiée, voilà que ce qui ne sentait pas auparavant se décompose tragiquement. C'est mauvais signe.

Je pleure, je pleure nue pendant que je sens des milliers d'yeux m'observer des arbres. Des persiennes. Des colonnes. De la nuit.

Je crie et je pleure mais je n'attire pas l'attention. Personne ne vient à mon secours.

Je m'effondre sur l'herbe, la terre est collante, elle pénètre sous mes ongles comme un onguent maudit. Je suis blessée. Je ne veux pas continuer. De plus en plus enfermée sur une île qui me recouvre comme elle dissimule ses minéraux. Elle me déguise profondément. Mimétique, transformée, avec des vêtements d'été et un visage de poupée onéreuse qui ne possède en réalité pas un centime.

On m'a sortie de mon cercle, on m'a dérobée à Hugo. Je ne comprends pas pourquoi je fais tout pour aggraver les choses.

On ne peut tomber plus bas, se sentir plus collée à la terre que sur la terre même, mes larmes se confondent avec la rosée silencieuse qui se fond dans l'humidité, je déborde, je fais partie de cette avalanche. J'étouffe.

Je suis de l'eau qui a besoin de terre pour se transformer en boue. Terre glaise, argile, fange, limon, je suis ce qui crotte les hommes pieds nus.

Je ne suis rien. Je suis la rouille sur ces grandes portes.

Je ne peux plus pleurer.

Les domestiques arrivent. Ils me regardent allongée. Avec effort, je parviens à leur demander le silence : Chut !

Ils obéissent et m'emmènent dans la grande pièce réservée au personnel, un endroit avec peu de murs, où ils dorment entassés. Les couples vivent légèrement à l'écart, protégés par de légers paravents dépourvus d'intimité. J'éprouve de la compassion, cela signifie que je suis vivante. Je pense encore aux autres.

Dorado revient me chercher. Il s'y prend progressivement. En faisant son travail comme si je le lui avais demandé.

Il me frotte les jambes avec un breuvage étrange. Il me crache sur le visage et tord doucement le cou d'une colombe blanche jusqu'à la faire saigner sur ma poitrine. Son sang est du parfum sur mes seins menus. Il me frotte et son doigté rigoureux sur mes mamelons n'est pas douloureux.

Lui et moi faisons un pacte. Doucement. Il travaille ma taille. Il la déploie. Il pratique un canal avec sa langue aux yeux de tous et sur mon pubis il laisse reposer la colombe qui me nettoie.

Je suis déjà debout. Un seau d'eau froide rempli de fleurs explose contre mon crâne, tranchant, il descend sur mon corps nu et indifférent. Les domestiques dansent, applaudissent à mes oreilles. Ils m'égayent par des chants spirituels et Dorado et moi faisons un pacte auquel j'ai donné le nom, LES NOCES.

J'embrasse furieusement Dorado sur sa bouche marron décharnée. Dorado m'embrasse, mais c'est moi qui le désire.

Je l'embrasse sur les lèvres comme si je brisais la nuit, déchirais l'amertume et avalais la vie couleur café que ses lèvres me montrent. Les mauvais desseins vont en lui, les événements qui me sont arrivés lors de ces mois d'angoisse. Ils partent dans la noirceur de sa bouche. Salive épaisse, fruit au goût d'orgeat. Je ne peux pas lui transmettre le mal car il est trop intense, ce malheur et un clair de lune à côté de sa mémoire et de sa douleur ancestrales.

Ma faiblesse se nourrit de son plaisir, et elle domine car le désir en est le centre unique.

Elle vainc Hugo, ma mère. Sa force peut stabiliser mes océans. Ces courants froids que j'ai sentis quand mon cousin tentait de m'apprendre à faire la planche et que je n'arrivais pas à flotter.

J'assure que demain je serai un radeau léger, ivre au milieu de l'Atlantique. Un poisson qui vainc la tempête et parvient à pondre à la fin du voyage.

Les Noces avec Dorado m'ont nettoyée. Le baiser n'a pas de fin.

Je vis chaque minute de cette nuit et maintenant on me laisse partir. Recouverte d'une couverture sortie subrepticement de ma chambre par Antolina, la tante permissive qui sait, connaît et croit en tout, mais ne veut rien dire. Elle ne souhaite pas l'insomnie de sa maison.

Antolina m'emmène hors de la pièce des domestiques. Elle met fin à ce qui commence, une bonne fois pour toutes.

En entrant dans la maison, je ne sens pas mon corps, je suis droguée… *les insectes battent de leurs ailes contre les écrans. Les nuits nous environnent comme un abîme de tiédeur, éveillant nos sens, presque palpables. Elles sont une caresse sur la peau. Là où la terre respire, nos corps aussi respirent, et notre pouls bat au rythme de la nature. Les nuits tropicales sont des hamacs pour les amants.*

Antolina et moi avons laissé une conversation en suspens.

Il n'y a rien que nous puissions nous dire après l'« annonciation » ; cependant, nous trébuchons sur la vaisselle et nos regards complices commencent à se chercher, troublés.

Elle pense peut-être à une explication pour moi, à une retenue pondérée de mon délire.

Hormis les oraisons ordinaires issues de la mémoire familiale, j'ai trouvé une prière pour moi, qui me ramène Hugo sans intermédiaires.

Je m'incline sur le prie-Dieu et ne trouve la paix dans l'oraison que si elle est inspirée par mon chemin vers Hugo ; un désir fixe, une citerne de son monde, l'inspire. Je suis eau pour que Hugo boive avec soif. Je nie cette soif et le doute me rend malade.

Hugo a conscience que ma richesse intérieure peut embellir quelque peu ses jours.

C'est toutefois sa calme rêverie qui peut me conduire, dominer avec patience ce feu qui ne se contient plus et qui me déborde, insoumis.

Brin de moi
fil ténu
sans engagements, sans attaches, qu'il ne
dérange pas, qu'il ne te touche pas
sans intentions et sans accents
avec mes délires et sans mes doutes,
touchée uniquement par les miracles.
Filet d'eau
filet du ciel
emmène-moi vers lui
carte de glace.

Filet de tout
carte du ciel
filet de moi
fais que je le voie
fais-le pour toi.

Lettre à Hugo (je n'ai aucun moyen de savoir si elle sera envoyée)

Cher Hugo :

Après avoir touché le fond, hier soir je me suis vue sortir du néant.

Certes, tu m'as beaucoup manqué. Beaucoup, et à tel point que je me demande comment une chose avec laquelle je n'ai jamais vécu peut me manquer à ce point.

Tout remonte à fleur de peau comme venant d'une autre vie. D'un passé. D'une barque où je n'ai jamais dormi mais qui me berce.

Pardonne les heures. Pardonne les mots mal prononcés. Le harcèlement, l'adieu déplacé et la terreur dans mon état d'orpheline.

Je crois que ce que je t'apporte ici est peut-être excessif, sans que tu puisses faire quoi que ce soit de loin, de part la géographie ou l'ordonnance réelle des jours.

Je comprends, quand je quitte cet état d'ébriété sans vin, je comprends quand je cesse d'écrire, que parfois j'exige de toi des choses que tu ne peux absolument pas me donner.

Je ne sais comment faire pour commencer à me détacher de ces idées, de ces éclats, feux d'artifice qui naissent en moi à la fin des étapes de mon écriture, et qui me poussent à vouloir, comme une enfant, t'apporter encore mouillé le dessin à l'aquarelle pour que tu en jouisses en silence, en communion avec moi.

Je ne sais à quoi je pense quand je fléchis, quand je te cherche aussi tard et que je vois que la vitre dessine une Havane sans toi.

Sans nous deux réunis.

Je crois que ce cahier qui contient mes journaux est le plus réel de tous. Car il laisse à découvert une femme qui, sans se réprimer et sans mentir, est devenue une ombre pour toi.

Je ne sais pas si ceci mérite le pardon ou la honte. Je ne sais pas bien non plus où nous allons. Où nous en sommes. Quel est ce voyage ?

Juste un baiser,

LINOTTE

Aujourd'hui je suis passée à la librairie où j'ai croisé Julián.

Après l'exorcisme pratiqué par Dorado, plus rien ne me fait mal, et je sais qu'eux, les hommes, attendent cela de moi. Du naturel devant la merveille. Voilà ce que je vais leur donner. Je m'y suis préparée.

Il m'inspire, oui, mais je ne veux pas le payer de cette maladie dont Hugo joue dans mon ventre ou mon estomac.

Julián achète des cartes, je lui recommande celles que je préfère, un caprice, je me comprends. Je trouve un prétexte pour gagner l'étagère la plus éloignée. Avec le peu d'argent que contient mon porte-monnaie, je paie la superbe carte de La Havane et je demande qu'on lui fasse un paquet-cadeau.

Je pars derrière les livres. Je continue à feindre la frivolité et, tout en accentuant mon rôle, je peins ma bouche d'un carmin foncé. Trop foncé au goût de la légion de femmes qui veillent sur moi.

Enfin, je saisis mes deux ouvrages sur les cultures orientales, je sors sans dire au revoir au lecteur distrait. Antolina paie, et au moment de démarrer, Julián sort en courant et nous rejoint. Il m'embrasse. Il m'embrasse d'une façon impulsive, convulsive. Mes livres et mon sac tombent. Je monte, j'ai mal au cœur.

Je dois vivre. C'est clair. Je dois tout donner aux autres.

Ce qui implique de remplacer cette étrange famille d'emprunt par l'authenticité d'amis choisis. Assez de mensonges. Julián est plus Nin ou Culmell que Felo ou Anaïsita. Flor est de ma caste et de ma race. Je m'épuise à chercher ses yeux dans les miens, ses grains de beauté dans les miens.

On a organisé pour moi ce soir quelque chose avec les Marquis de Pinar del Río. Avec le fils de l'épouse et les plus illustres amis de la famille Culmell. Nous verrons. Je dois vivre ici et maintenant avec un fat orgueil. Hugo va macérer, mariner dans sa « prudente » distance. Il doit en connaître le cours. Dorado m'a couronnée de ses divinités. Elles me parlent pour m'expliquer, entre autres, que le vie dispose les événements.

Dès que je pourrai, j'achèterai dans une boutique de matériel pédagogique une bonne reproduction d'oreille. Je l'accrocherai dans ma chambre et je penserai toujours que l'écoute, l'évidence et le divin doivent être ma devise.

Hugo me blesse. Son « moi » me blesse. Soumission ou dévotion ? C'est ma personnalité qui empêche les autres de la distiller.

Je dois apprendre l'exercice. À quel point il doit me manquer. Quelle route me conduit vers le sceptre, vers ses cerveaux hermétiques que je convoite. Si je n'ai pas Hugo, je veux dompter, réduire en esclavage, entière et résolue, tous ceux que je choisirai pour toujours.

Les Marquis arrivent enfin. Le fils de la marquise, qui est veuve. Il est si pâle et fragile qu'il me ressemble.

Ils nous laissent seuls en permanence. Exactement ce qu'ils ne font pas avec Julián, considéré comme un dangereux conspirateur.

Il est clair qu'ils veulent le marier. Évident qu'ils sont pressés. La situation m'amuse, le Petit Marquis est une femme enceinte devant le mariage. Nous nous regardons, stupéfaits, pendant qu'on nous monnaie comme des bijoux lors du premier pillage du butin cubain.

La piraterie a certainement laissé des traces chez les créoles. Pas comme les coutumes américaines depuis 1902. Nous sommes dérobés et, d'un simple regard, nous devinons que rien de cela ne va se produire. Ce n'est pas possible.

Nous restons seuls. Je me sens forte avec mes bracelets et ma robe de gitane. On m'a même laissé porter ça pour le dîner officiel. À condition de pouvoir le capturer. Il semble être lui aussi une curiosité. Polyglotte, peintre, avocat, violenté par une société qui le reçoit après sept ans passés à Paris, lui ôtant la liberté qu'on lui a donnée un jour en le déposant seul avec ses valises au port en partance pour la capitale des arts, de la luxure, du cosmopolitisme.

Le Petit Marquis ne parle pas. Mais moi, je dois fixer les limites.

Je lui avoue que je leur semble si extravagante qu'ils souhaitent me confiner dans un mariage absurde, aussi bizarre que la vision qu'ils ont de moi.

Son costume est impeccable. Protégé par une écharpe blanche, qui contraste avec la couleur noire des fils d'argent qui dessine sa silhouette.

Ses yeux scintillent, ses mains transpirent. C'est une dame.

Il parle enfin dans l'obscurité.

– Je veux te présenter René. Demain, tu peux ?

– On va leur donner le change ?

– Oui, faisons-leur un peu de cinéma, c'est ce qu'ils attendent de nous.

Le Petit Marquis veut me connaître. J'éprouve de la compassion pour lui. Ses vêtements pourraient être vendus aux enchères comme ceux d'un prince. Ses ongles sont mous et transparents, ses veines, des dessins qui nous emmènent quelque part. Personne ne va nous unir. Je ne peux pas trouver de désir dans ces yeux. Il languit au fil des heures.

Faire connaissance ne signifie pas arrêter la ronde de la vie. Pas d'angoisse.

Nous mentons avec douceur. Les adieux sont pieux comme les intentions des deux familles. Ils ignorent que nous sommes pires que leurs monstres.

Demain je rencontrerai René. Demain il rencontrera Anaïs.

Le chauffeur est arrivé à l'heure prévue, je suis montée dans son automobile parfumée et j'ai failli ne pas l'y trouver, tremblant, empêtré dans ses problèmes, une couverture sur les bras ; malgré le costume et l'écharpe, il a froid.

Le Petit Marquis n'a jamais été élève à San Alejandro[1], mais René, si. Il m'a longuement parlé de sa fascination pour la photographie. Il collectionne les appareils, et souhaite effectivement se consacrer à la photo. Il cherche un local central pour y ouvrir un commerce spécialisé dans le matériel photographique, la vente et la collection.

Avec lui, La Havane est gris souris. Triste, douloureuse, elle s'incline et berce, toute chose pleure devant ses plaintes. Il se lamente tout en me montrant l'article d'Enrique Fontanills dans la revue mondaine qui parle de mon arrivée à Cuba. Même mon oncle et ma tante ne l'ont pas lu. Je lui confie que les photos me sont douloureuses. Je n'éprouve pas un grand intérêt à poser, et je le fais pour vivre.

J'ai parlé de la passion de mon père pour la photographie et comment il était toujours à me photographier. Il aimait prendre des photos de moi pendant que je me baignais. Il me voulait toujours nue. Toute son admiration lui venait par l'intermédiaire de l'appareil photographique. Ses yeux

1. Première Académie des beaux-arts cubaine fondée au début du XIXe siècle par le peintre français Jean-Baptiste Vermay. (*N.d.T.*)

étaient en partie dissimulés par des verres épais (...) et puis par les lentilles de l'appareil. Ravissant. Ravissant. Combien de fois, en combien de lieux, jusqu'à ce qu'il nous quitte, ai-je posé pour lui sur d'innombrables photos. Et c'étaient les seuls moments que nous passions ensemble.

Je vois qu'il n'y a pas que de la douleur dans la noblesse.

Ma vie n'est pas douleur, mais sang, nerf, impulsion, élan. Sans le dédain de mon père, je ne défierais pas chaque canon. Je ne risquerais pas tout sans retenue.

En suivant aveuglément des inconnus. En posant pour une chronique mondaine qui ne se soucie pas de la véritable Anaïs mais de la photo qui recouvre un mensonge, qui me maquille et m'éloigne de la femme que j'ai été.

Pourquoi Cuba nous oblige-t-elle à nous déguiser ?

ACADÉMIE DE SAN ALEJANDRO

René. Le peintre pauvre.

Mon silence en chemin n'a pas gêné Marcos, le Petit Marquis, le Journal voyageait serré entre mes mains. Mon silence était doux car nous nous trouvions en présence du chauffeur.

Le cuir du Journal tache mes mains à cause de la sueur. Je ne transpire jamais, mais cet étrange engagement qui ne cesse de mentir en moi me fait mal, et d'un autre côté me confère une certaine liberté. Au point que nous n'avons pas de chaperon. On nous laisse libres comme l'air. C'était la rue Dragones... le 52 rue Dragones. La rue est blanche et très peu de passants y déambulent.

J'ai appris que l'Académie s'était appelée un jour Académie gratuite de peinture et de dessin. Mais de nos jours elle est payante.

À notre arrivée, René est apparu... Il m'a embrassée très fort, si menu, si petit. Il m'a prise par la main et m'a fait visiter l'école. Il m'a dit qu'auparavant elle se trouvait au couvent de San Agustin. Au début, c'était un salon sombre à l'intérieur du monastère. Aujourd'hui, c'est ce vaste lieu tout entier, dans l'expectative.

René s'exprime comme un expert, il a dit que la Société économique des Amis du Pays avait voulu créer cette école car les artistes de l'Île se répartissaient en deux catégories : des métisses avec des qualités et qui n'avaient pas fait d'études, et d'autres qui sortaient d'académies européennes et dont l'œuvre ne présentait pas de continuité – très peu devenaient de véritables peintres, et beaucoup ne rentraient pas au pays. Ce fut alors que M. Alejandro Ramírez, directeur de la Société économique des Amis du Pays et ministre des Finances, réalisa cet exploit en 1832, d'où le nom de San Alejandro.

René nettoie les salles, les pinceaux, afin de pouvoir régler la somme de 2,50 pesos qui correspond à l'inscription pour une discipline. Il n'a pas craint de me montrer sa pauvreté, il s'est ouvert à moi, sans hésiter. Il est souriant, j'adore ses cheveux bouclés. Il vous enveloppe et vous fait vous extasier, avec ses quinze ans passionnés, délicieux. Je me suis vraiment sentie très inspirée, j'ai voulu l'aider. Marcos me regardait en suppliant, mais… de quoi ? Je pouvais comprendre sa passion pour René. Ce garçon était fascinant. Un rêve plus qu'un artiste, un spectre. Sa sagesse était douce, il ne m'écrasait pas de connaissances. Il le faisait doucement.

Laissant derrière moi la grande porte impeccable, j'ai senti la lumière comme jamais devant mes yeux, filtres, esprits, visitations.

Marcos m'a raconté que René aspirait à une bourse « Sacs de Voyages » pour les élèves ayant obtenu une mention très bien. Il veut l'envoyer à Paris, il veut l'accompagner, il veut vivre cette bohême avec lui.

J'ai penché la tête pour éviter des soupirs stupides, je me suis concentrée pour ne pas penser, c'était ce que je voulais de Hugo. Croyance en mes aptitudes, je voulais voir en Hugo… quelque chose que Marcos voyait chez René.

Hugo, Hugo, un homme qui m'inventerait, quelqu'un qui me tirerait du douloureux mensonge ordinaire, dérobée comme un diamant faux, coûteux, brut. Son diamant sur le point d'être poli. Paris, un lieu pour conjurer mes talents. J'ai envié René, ce qu'il inspirait à Marcos.

J'avais devant moi ses dessins, merveilleux et doux. Je ne lui ai pas demandé la permission. J'y ai passé la main en me tachant les doigts avec le fusain. Me tacher, c'était me crotter de sa vertu. J'adore ce don. Je crois qu'il consiste à être pauvre et à se projeter vers le monde, sans murailles.

Les salles étaient nues et montraient des hommes nus de dos, des femmes en raccourci[1], des jeunes audacieux sans pudeur dessinant des mamelons parfaits, des hanches inclinées, des yeux humides, des pieds déformés par des veines saillantes, exagérées.

Je marche et je regarde les murs, les silhouettes me détournent. Je me trouve dans une minuscule académie, dans un lieu de culte. Je sors mon crayon, je note avec voracité. Je ne laisse pas tomber ces épingles de mon âme. Je saisis les émotions. Je ne m'abandonne pas.

Je trouve un beau dessin qui ressemble à un paysage dépeuplé. Une chose que je n'ai jamais vue à Cuba. Une marine blanche.

Au-dessous, on lit :

Cours 22-23.

Pablo de la Torriente Brau.

Le 22 septembre 1922, il s'est inscrit en Dessin Élémentaire. Pablo de la Torriente Brau. 20 ans.

Ils me présentent sa sœur. Belle, avec des yeux noirs qui ont l'air sorciers ou gitans.

1. Réduction que le peintre, le dessinateur ou le sculpteur fait subir à une figure vue en perspective. (*N.d.T.*)

Elle m'emmène dans la galerie des femmes, je vois les ébauches de jambes de chevaux très puissants.

Au-dessous, des notes :

```
Graciela de la Torriente Brau. 17 ans.
Paysage, Perspective et Art décoratif.
31 rue Valle, rez-de-chaussée. (En
attente de paiement).
```

C'est l'heure de la récréation. Tout le monde sort. Il règne une forte odeur de peinture à l'huile fraîche.

Je voudrais me salir ou jouer avec eux. Les toucher, me transformer, dénaturer les choses, devenir un homme et aimer René comme le Petit Marquis, sans limites.

Pablo arrive. René me le présente. Il m'offre un imprimé qui comporte la liste des meilleurs élèves de l'école, et m'invite à l'exposition de leurs dessins, vendredi. Il a lui aussi le regard exalté, m'invite à aller boire un jus de fruits à l'extérieur.

Mes yeux cherchent le Petit Marquis qui me demande, m'implore de le laisser cinq minutes avec René. J'accepte. Pablo me donne la main pour passer comme sur la corde raide entre les tables, avant d'arriver aux portes de la salle de gravure. Puis nous sortons par la rue opposée.

Pablo dit qu'il a lu un article me concernant dans cette fichue chronique mondaine. Que je devrais par ailleurs l'envoyer à Hugo, puisqu'il fait tant d'effet aux autres. Je lui dis qu'il n'a pas lu ce que j'écris. Je précise à nouveau que je ne suis pas modèle.

Il me dit qu'il ne peint que des paysages. Je ris, je crois que tout cela est un malentendu.

Aïe, Anaïs, Anaïs, on voit bien que tu veux me déshabiller !

Il me demande pourquoi je ne publie pas mes travaux, il connaît des revues que cela pourrait intéresser à La Havane.

Je lui demande si quelqu'un peut s'intéresser à une poignée de perles avec des larmes, du chagrin, de la peur, de la terre, des plumes détachées de chapeaux troués, des colombes mortes sur la poitrine, de la douleur, de l'affliction, de la cruauté, l'état d'orpheline, la terreur, la désillusion... Pablo pose ses deux mains sur ma bouche, et répond avec audace :

– Eux, absolument pas. C'est moi que cela intéresse de t'éditer sans rien couper de toi. Je t'ai découverte dans la librairie quand tu achetais un cadeau pour Julián.

– Je m'intéresse à La Havane, ce que je lui ai acheté, c'est la carte de cette ville.

Le Marquis est arrivé quand Pablo m'écrivait un vers sur la liste des étudiants récompensés :

Anaïs : Ne cherche plus le monde. Le monde est Anaïs.

Je le collerai dans le Journal.

René revient… Il me prend dans ses bras. Il me demande de poser pour lui. J'accepte. Pablo me regarde, méfiant, ou du moins en jouant avec mes yeux trompeurs. Je leur fais une proposition. Nous allons procéder comme dans un jeu à trois. Je poserai pour eux, mais sous des angles différents. C'est ce que je suis. Fidèle sous des angles différents.

En chemin pour la Finca, je dis au Petit Marquis que je l'aiderai en tous points, sauf pour annoncer une union qui n'aura jamais lieu. Nous allons donner le change à nos familles pendant que je gagnerai du temps.

Ils veulent du cinéma, ils vont en avoir.

Anaïs : Ne cherche plus le monde. Le monde est Anaïs.

Mention très bien.
Très appliqués.
Bons élèves.

– Raquel Lorié Cenad. 17 ans. Dessin élémentaire.

– Antonio Loret de Mola y Boza. Originaire du Mexique, Veracruz. 83 rue Zulueta.

Dessin élémentaire.

– Francisca Lozano Pino

– Ofelia Lozano Pino

– Juan Lugo Miranda
– Domingo Yagostera López
– Margarita Llanos Benítez
– Salvador Madrona Molinet
– Emilio Marichal Crespo
– Roberto Márquez Risquet
– Miguel Martínez Encinosa. Cuba. Province de La Havane. 17 rue Santa Teresa.

Dessin élémentaire.

– Félix Martín González de Mendoza. La Havane. Province de La Havane. 27 ans.

288 rue San Miguel. Grèce classique, anatomie, perspective et sculpture.

– Oscar Martínez Sequeira. 22-23. La Havane. Province de La Havane. 2 rue Fundición.

Dessin élémentaire (très appliqués)

– Mario Pérez Cabrera
– Joaquín Pérez Castro
– José Pérez. Originaire de Pinar del Río. Dessin élémentaire. 13 rue Zanja. 29 septembre 1922 (en attente de paiement).
– Raúl Pérez Díaz
– América Castellanos Salazar. Barcelone. 25 ans. 19 rue Progreso. Dessin élémentaire. 29 septembre 1922.
– Lorenzo Pérez Leal

– René Calvo Valdés. 15 ans. Vient du 31 rue Espada # 31 (en attente de paiement). Dessin élémentaire.
– Otilia Camelo Gómez.
– Miguel A. Cancio Morer
– Ariana Cancio Radillo
– Mercedes Caparrós Oliver
– Margarita Fernández y Martínez. Dessin élémentaire (premier prix).
– Joaquína Espinosa Ayala (deuxième prix)
– Antonio Valdés y Romero (premier prix)
– Enrique González y Pérez
– Blanca Maralet y Ruiz (mention Très Bien)
– Josefina Cepeda y de la Hoz (TB)
– Francisca Fernández (TB)
– Enriqueta Batista Mendoza (TB)
– María M. Socarraz (TB)
– María G. Menocal y Molina (TB). Dessin élémentaire.
– Mario G. Menocal Beola. (TB). Dessin élémentaire.
– Eduardo Miró (TB)
– Ricardo G. Menocal Beola (TB)
– Benjamín Arenas (TB)
– Domingo Ravenet (TB)
– Silvio Parra (TB)

Professeurs :

- Luis Mendoza
- Armando Menocal
- Adriana Bellini
- Ramiro Trigueros
- Esteban Valdés Rama[1]

Secrétaire : Federico Sulroca

Directeur: Luis Mendoza

Ricardo de la Torriente
Professeur titulaire de Dessin élémentaire

1. Esteban Valderrama. (*N.d.T.*)

RETOUR À LA FINCA

Le chemin du retour n'a pas semblé long car nous avons parlé sans trêve de Pablo et René. Partout, les chauffeurs ont le don de faire la sourde oreille jusqu'au jour où…

Le Marquis est invité à déjeuner. Mon oncle Gilbert rentre à New York, et je n'ai pas écrit une seule lettre à Maman. Je me sens une mauvaise fille, une irresponsable.

La maison lui fait ses adieux. Ma tante, en revanche, se repose de lui. Que peut être le mariage sans ce voile de tulle blanc qui se teint par la suite, progressivement, d'une imperceptible teinte couleur fumée ; le tulle s'assombrit-il au point d'arriver au deuil ? Est-il possible d'arracher le voile ? Est-il possible de se marier sans un voile ? Sans une queue vorace qui nous poursuivra pour l'éternité ? Je vois mes tantes, leurs mariages malheureux les tirent par la queue. Quel terme ! Je pense à Mère, je pense à Père...

Papa ne m'abandonne jamais, je le porte dans mon cœur. Mais j'ai souvent envie de pleurer en voyant oncle Gilbert prendre Nuna dans ses bras et l'embrasser doucement. Comme cela doit être doux ! Quand vais-je les recevoir ? J'ai du mal à contenir mes larmes qui luttent pour sortir contre ma volonté. Ensuite, je me fâche contre moi-même ; je me dis que c'est de la jalousie. Aussi, quand oncle Gilbert embrasse avec tendresse son heureuse fillette, mon désir si souvent formulé devient plus ardent et je me demande combien de temps je vais devoir attendre pour ce baiser si lointain, qui n'arrivera peut-être jamais, et mon âme reçoit des larmes contenues mais brûlantes et très amères.

J'essaie de noircir du papier pour Mère, mais la surface étendue de la feuille m'évoque des mètres d'angoisse. Je prends mon mouchoir pour sécher quelque chose qui n'existe pas. Des larmes. Je ne mouille pas le mouchoir. Je l'étends sur le secrétaire exigu destiné à des jeune filles (pas à des femmes écrivains). C'est la première fois que je l'utilise, j'ai toujours écrit allongée, inclinée, mal installée. Sur le bleu clair glisse mon écriture molle.

Mère :

Je vis. Dans ces évaporations de Cuba, je le croise à chaque pas. Je n'ai pas oublié aussi facilement mes fabulations, au contraire, je dois m'efforcer de devenir ce qu'il veut, et pourtant la curiosité, le doute me réveillent.

La beauté de La Finca et la merveilleuse sollicitude de ma famille me gâtent à tout instant. Je suis pleine de santé et mes yeux se remettent peu à peu de la fausseté.

J'ai besoin qu'il se passe quelque chose, comme une massue de fer tombée du ciel, pour oublier ce qu'il est nécessaire d'oublier.

Pour l'instant, sa détermination a été la plus sage, et ne pas le voir constitue mon plus grand souci.

Les chapeaux me manquent, les manteaux, les parfums, et même les saveurs. Je me manque à moi-même. Je m'entête à faire changer de corps cette âme dérangée. Blessée.

Comme vous voyez, je ne pleure pas, j'écris sur le mouchoir pour vous. Cela constitue sans doute une bonne preuve.

Une bise à Joaquínito et une autre à Thorvald.

Je lui suis fidèle et je tente de trouver dans la solitude le calme et le chemin de la maison.

Vôtre,

ANAÏS

Je suis descendue et j'ai mis la lettre dans les mains de Tio. En sentant une chose molle à l'intérieur de l'enveloppe il m'a regardée, effrayé. J'ai souri. Qu'attendent-ils de ma part ? N'importe quelle folie. Cela ne me dérange pas. Toutefois, cela devrait.

Ce soir, nous allons au théâtre. Je m'habille avec indifférence. Je ne veux pas bouger. Je vois que le théâtre de ma vie dépasse n'importe quelle représentation.

J'embrasse mon oncle sur la joue, il rougit. Je lui dis au revoir, pendant ce temps, je ne veux aller nulle part, mais je ne veux pas non plus être là où j'ai jeté l'ancre.

Théâtre Capitolio : Amalia, Isaura, Alfredo Belt. Baby. Carmen. Tia Antolina.

Je n'ai pas aimé la pièce. Je préfère m'abstenir de commentaires. Cela fait un long trajet en automobile pour rentrer finalement le cœur brisé par mon manque de concentration sur un sujet qu'on peut oublier. Tout m'étourdit ou m'agresse. Ces jours-ci, je suis l'ennemie de mon âme.

Courte lettre d'Hugo depuis Paris

Linotte

J'ai tellement de choses à te dire !

Je promets que je prendrai bientôt le temps dont j'ai besoin pour organiser mes idées et consigner quelque part tout ce que j'ai gardé sous silence.

Que tu sois près ou loin de moi, fais-le-moi savoir.

J'ai besoin de te lire, de te sentir et de savoir où tu es.

Ce voyage, comme je l'avais prédit, a été très bizarre. Mais rien n'arrive par hasard.

Il y a beaucoup de choses que je n'ai pas pu te raconter et avec ce que tu sais je ne peux pas t'en demander plus que ce que tu me concèdes. Tu es très généreuse, ma Reine, et je ne peux que t'en remercier.

Tu me fais me sentir si heureux au sein d'un tel éloignement.

Merci et que la vie nous entraîne vite quelque part sur cette planète tordue.

J'embrasse et souhaite de bons augures à sa majesté, l'écrivain de mes journaux préférés. Ta poupée Bouby m'accompagne. Ce prêt que tu m'as consenti est un luxe. Je vous aime toutes les deux.

Ton Roi de Cœur,
HUGO

Mon Dieu : Je ne comprends pas Hugo. Comment peut-il être aussi aimable en me refusant tout ? Comment peut-il se contredire et écrire ce qu'il éprouve sans se trahir dans ses actes ? Jusqu'où est-ce vrai, jusqu'où joue-t-il avec mon innocence ?

Marcos vient me voir.

J'ai besoin d'une aide spirituelle. Mon corps m'entraîne. Mes vêtements tombent devant la clameur si forte que le sol murmure à mon passage. Je suis famélique.

Le Marquis me dit qu'il connaît une chose qui le calme : visiter les couvents. La claustration l'asphyxie, et en sortant il voit les choses clairement et reprend sa vie différemment. Nous demandons à Antolina de nous laisser partir. J'ai besoin d'y entrer seule. Le Marquis fera un tour. Je me contenterai de prendre la température des cloîtres. Je veux savoir que je marche en liberté avec moi-même.

Notes sur une visite du couvent de Santa Clara.

Grâce à une curieuse architecture, zigzagante pour permettre d'éventuels agrandissements, tout un monde se cache derrière le haut mur extérieur, un monde comprenant plusieurs bâtisses reliées les unes aux autres par des passages, des petits ponts de bois, constituant des espaces et des cours dont le plan est si confus qu'il est impossible de s'en faire une idée en une seule fois.

Tout au long de la visite, on tombe sur des détails pittoresques et inoubliables, rappelant les siècles passés – de vieilles lanternes, des arches sur colonnades ; de grandes fenêtres munies de lourds barreaux de fer donnant sur la rue ; de lourdes portes imposantes aux gonds grinçants et rouillés ou bien fermées par de vieux verrous rouillés ; et chaque pierre, chaque marche, tout est vieux, usé et ocre jaune.

C'était triste de voir ce lieu historique et sacré violé ainsi par l'intrusion d'étrangers insensibles. Pour le poète ou le rêveur, l'endroit était rempli de traces qu'il savait reconnaître et grâce auxquelles il pouvait reconstituer l'écheveau brisé de nombreux documents humains.

On pouvait imaginer le vieux jardin dans la douce lumière du soleil, calme, serein, sans cesse traversé par les nonnes récitant tout bas leur rosaire, ou bien enjambant les petits ponts de bois ou se penchant aux balustrades… ombres peuplant l'imagination, personnages fantastiques donnant soudain un semblant de vie… ombres qui prient, qui travaillent et qui, la nuit, se retirent peut-être dans leurs cellules nues et froides pour dormir sur leurs lits de camp. Et aussi, peut-être, la lumière tremblante de la chandelle dans la nuit calme, projetant l'ombre des barreaux des fenêtres sur le sol de pierre – symbole de leur exil et emprisonnement volontaires.

Quelques jours plus tard. J'ai entendu de nombreuses histoires sur le vieux couvent qui ont ajouté la dernière touche de réalité à mes divagations fantastiques – des histoires de mots d'amour retrouvés dans la fissure d'une porte de bois, histoires de tiroirs dans le mur de la cuisine par lesquels les nonnes faisaient leur marché, de tunnels secrets, creusés sous la chapelle et permettant de gagner la ville et que les religieuses ont empruntés à l'époque où elles vivaient dans la terreur constante des pirates et des pillages (afin de protéger leurs trésors, on construisait des murs très hauts et lisses, on mettait des barreaux aux fenêtres et fabriquait des portes massives et bien verrouillées), et des histoires du puits au centre du cloître, datant de plus de quatre cents ans, et de la « poceta » – une sorte de bain public.

On possède des documents et des journaux manuscrits écrits par les nonnes elles-mêmes, qui racontent d'étranges histoires de jeunes filles cherchant refuge dans la religion et l'enfermement au couvent contre la cruauté de parents qui les obligeaient à se marier contre leur gré; des histoires d'amour non partagé, de déceptions, de séparations causées par la violence ou l'incompréhension – en bref, toutes ces raisons qui peuvent amener quelqu'un à haïr le monde au point d'y renoncer totalement. Il est curieux de noter comme sont peu nombreux ceux qui ont vraiment foi en leur vocation – dans un pur esprit religieux, une inspiration réellement pieuse. Ces esprits étroits ne peuvent concevoir un sacrifice désintéressé et purement surnaturel. Pour eux, seule une raison humaine, une incitation plus matérielle peut pousser un homme ou une femme à se retirer derrière ces murs austères et à chercher l'oubli et la paix dans la religion. Une mauvaise expérience dans la vie et non un pur amour et une dévotion à Dieu.

Une semaine plus tard je reviens à moi, je suis en dehors du monde ; mais je ne suis pas sortie naturellement de ce voyage. Ma tête vole toujours à l'intérieur du couvent.

Je me plains et j'ai encore le courage de penser à autre chose qu'à l'écriture. Je ne m'étais jamais imaginée dans cette réclusion. Il est 10 heures du matin et je suis déjà épuisée d'écouter mes lamentations. Comment pourrais-je rester seule avec moi aussi longtemps. Dieu doit m'apporter la paix.

Je dois écrire. C'est la seule chose qui m'apportera la liberté. Je serai dévote de moi-même. Cet égoïsme dû à mes pages peut et doit me sauver, que cette claustration volontaire me conduise à la lumière.

Note à Hugo

Je vais tenter de t'expliquer ce que tu as détruit. Tu as détruit ma cohérence. Je dois me constituer une peau neuve. J'y travaille, voilà pourquoi chaque sensation est douloureuse. Mais je suis si dure que pour nos retrouvailles je serai ta chère et puissante étrange étrangère, exotique Anaïs qui en aura vu bien d'autres que ce que tu lui auras fait subir. Merveilleusement exorcisée de ne pas m'être vue grandeur nature.

On frappe à la porte de ma chambre et je m'habille rapidement. C'est Julián. Il veut me voir.

Il a vu ma photo. Il a parlé au Marquis et lui a dit que je n'étais pas une petite fille stupide ou dans l'erreur.

Il m'invite à voir une autre Havane. Celle des quartiers difficiles. Moi qui ne peux pas me soutenir, comment supporterai-je la dureté de ce que je vais voir aujourd'hui ?

Tia Antolina refuse. Je l'implore. Ils font monter Dorado avec moi dans la voiture familiale. Il est 2 heures de l'après-midi. Le soleil brûle. Je me suis reposée.

Dorado reste mon oracle. Il est comme sourd à notre conversation. Je crois comprendre un peu de ce qu'il dit – en anglais, ou en français – ? Quel mélange ! Il est inutile de lui cacher quoi que ce soit.

Nous nous engageons dans des ruelles défoncées que Julián nomme au fur et à mesure.

– Pourquoi moi ? lui demandé-je.

– Parce que tu peux rendre ta famille folle. Les ramener à la réalité. À cette époque où les Cárdenas aidaient Cuba en tous points.

Ce que je vois

Le quartier est constitué de rebuts. Bateaux, maisons, morceaux de vie qui renvoient à une autre humeur dégradée et douloureuse.

Le enfants mangent dehors. Ils mangent une chose étrange, informe.

Les femmes regardent Julián, affamées. Cela sent mauvais. L'air est lourd.

Dorado me demande la permission d'aller saluer une connaissance, il me prie de descendre : – Non. Je vous ai dit non.

Je finis par y consentir et entre chez une sage-femme.

Un enfant vient de naître et le sang est réel. On tord les langes au-dehors, les autres, propres, sèchent au soleil. Les flots rouges coulant des mains cuivrées m'impressionnent. L'enfant crie. Julián me regarde de la voiture. J'entre et je vais au-devant des choses dans un état de panique. Dorado salue la sage-femme qui essuie la sueur sur son épaule. Elle me fait une révérence, avec respect. Elle demande si j'ai besoin de quelque chose en me touchant le ventre. Je réponds bien sûr que non et, effrayée, je cours me réfugier auprès de Julián.

Tout s'est passé si vite… à une rapidité déconcertante. Pour m'aérer et me distraire un peu, Julián demande au chauffeur de me conduire au port. Rues droites, cerveaux ardents.

Je me suis sentie mourir. Privée de souffle.

Dorado s'éloigne et va regarder la mer à côté du chauffeur. Je demande à Julián de me prendre dans ses bras dans la voiture.

Il s'exécute, nous nous embrassons fort. Étrange baiser, donné avec du désir mais dans la douleur. Je suis absente dans ses bras. Je l'ai forcé, nous sommes ensemble sur le cuir noir de l'automobile. Je suis dans tous mes états, mais ce n'est pas du désir, c'est de l'absence de douleur réelle. Qui met un point final à ma vie. Me transforme.

Je veux rentrer à la maison. Quelle maison ? Quelle sera la prochaine maison de ma vie ? me demandé-je.

Je me penche sur les jambes de Julián, je sens qu'on tord des langes rouges sur mon ventre… je ferme les yeux tout en m'assurant que ce n'est pas vrai, je transpire. Julián m'embrasse délicatement le front. À mon réveil, je suis à La Finca.

Je ne veux pas vivre une seule heure de cette journée. Pas une seule heure de plus.

Je vais dans ma chambre. Dorado me fait apporter un curieux verre de lait au goût de miel.

On ne marche pas sur des chemins plats, on monte toujours comme sur un escalier, un éternel et lassant escalier vers les cieux noirs, fait de pierres gigantesques, des pierres carrées, posées l'une sur l'autre, un escalier usant parce que les pierres sont taillées trop hautes pour un pas humain, elles sont faites pour des géants, ceux dont le visage est taillé dans le granit, ceux qui boivent le sang des sacrifices, ceux qui rient des efforts des hommes lilliputiens.

C'est l'aube. Je sens le balcon s'ouvrir et les vitres résonnent, souples.

Il s'agit de Julián, reconnaissable à son chapeau. La lumière de la campagne éclaire beaucoup mieux que la lumière sombre des villes grises. J'ai deux possibilités, celle de la petite fille faible qui va dormir dans la chambre d'Antolina en disant qu'elle a entendu des bruits sur son balcon, ou celle de cette femme qui s'offre, se donne et se défait de son éternelle virginité embarrassante. Il n'y a pas de cages dans le corps de cette enfant. Elle va être enterrée par un homme aujourd'hui. Chaque visite du guerrier a été une annonciation, une offre de ma bouche. Deux étapes seulement, il faut tourner la clé d'un demi-tour à gauche. Un tour à l'envers, tout s'ouvre, l'odeur de forêt tropicale pénètre et je le libère du bord, de la limite, nous plaçant sous le coup des commandements. Enfin ! Ma tresse se prend dans ses doigts, mes cheveux sont de la soie entre ses mains et l'immense peignoir blanc devient une lourde bouée de dentelle tissée au crochet, qui me maintient tendue comme une Ménine prisonnière de sa lignée, silencieuse dans le modeste éloignement de la toile restaurée.

J'ai mal au cœur. Julián ne m'embrasse pas sur les lèvres, il flaire mon long cou et hume, savoure, cherche mon parfum en déposant le sien que je ne devine pas encore, pendant ce temps il parle tout bas, récite des prières dans un espagnol rapide et dru. Son chapeau tombe, vaincu, sur le sol en céramique vernissée. Mes pieds nus, ses bottes en cuir, ses jambes interminables... pour l'instant, je regarde vers le ciel, et c'est un colosse qui joue à m'attirer irrémédiablement à lui.

La guerre déclarée, Julián essaie de me prendre de force, il gagne, me touche la taille, la dessine de l'index, et je parviens à m'échapper, j'éclate de rire, je cours à travers la pièce, Julián rattrape la chemise de nuit qui me recouvre, s'enfuit vers le lit ; je joue, tremble, je chancelle et me cache sous les couvertures. Julián se déshabille rapidement, il se montre devant moi comme un ange pervers.

Son corps est le corps rêvé. Voilà un homme, non une silhouette peinte à la main. J'allume la petite veilleuse de nuit et, seule, volontairement, j'ôte ma chemise sous les draps, je la lance au-dehors, loin, la main tendue comme un drapeau blanc demandant de l'aide. Au secours, viens, ne saute pas dans la campagne, ma vraie vie dépend de ce tir.

Au coin du lit, Julián s'étonne de ma hardiesse. Je suis son apprentie, qu'attend-il d'autre de moi ? Une trêve s'établit.

Julián découvre ce corps, dévoile cette jeune momie abandonnée au bout du monde, emplie de douleur et maintenant de plaisir. Au moment où je songe qu'il va m'embrasser, il arrive à mes lèvres, sans presque les toucher, respire et, dans une étrange hésitation animale, surprend mon sexe, l'avale d'une gorgée succulente ; il m'endort et me soumet. Je perds connaissance, ma force, Julián touche l'axe de mes jambes et mes pensées cessent d'être une propriété privée, la rose des vents, les points cardinaux, tout se disloque pendant que mes jambes s'ouvrent pour que la bouche du guerrier avale le déluge de larmes que dégage ce lieu secret qu'elle déchire et couronne déjà. *Comment un geste, une façon de marcher, peuvent-ils altérer notre circulation sanguine ? Quel grand mystère est le désir. La maladie de l'amour, la sensibilité, l'obsession, le tressaillement du cœur, le flux et le reflux du sang. Aucune drogue ou boisson alcoolique ne peut l'égaler.*

Son sexe énorme et membré a un goût de tamarin, il parvient dans ma gorge, aigu et direct, je l'avale goulûment ; désespérée, son arme parfaite et mouillée d'une rosée visqueuse m'étouffe, j'avale tout de lui, son arme transparente se décharge sur ma langue. Il viole mes cuisses, tonifie de sa langue la lyre de la honte, mes jambes s'écartent de plus en plus et à la douleur de mon sexe s'ajoute cette jouissance enflammée, frisson béni qui se tend sans relâche jusqu'à ce que ses hanches cèdent et déchargent leur rampe de feu, me divisant en deux morceaux, comme deux femmes qui se disputent leur rôle.

Je suis une enfant et je suis aussi une femme, des deux côtés de la balançoire se poussent les deux êtres, le combat se poursuit en moi ; qui finira avec qui sur le bref territoire de cette créature en transe ? Je vois le saignement irrépressible qui mêle le rouge défendu à son lait blanc et fécond, qui jaillit à flots sur ma toison noire, brillante de luxure. Ce que l'on craint et ce que l'on souhaite dégage une odeur de sexe. Et voilà ce désir obsessionnel, innommable, qui me réveille au milieu des cris.

Morsures, jeux de mains, bras immobiles ; son front est soutenu par mes mains, mon ventre par son sexe. Son sexe parvient au fond de mes entrailles, les mesures se perdent, je ne suis plus aussi petite et il ne se laisse pas vaincre par ma jouissance douloureuse, *delta de Vénus*, arme virile de luxe. Duel infini où la victoire est un faux pas.

Il m'arrache régulièrement le peu de virginité qu'il peut me rester à chaque voyage, passages courts ou durs, très souples, je me suis réincarnée, et je résiste car je suis faite pour cette libération irrépressible. En accélérant le rythme de mes hanches, juchée sur lui, je mène la danse, et je me roule à l'abri de ses épaules, touchant à tâtons un point caché, il me replace obstinément sur le ventre à un seul endroit : là il m'oblige, me soumet, obtenant un plaisir abyssal que je comprends comme La Convulsion.

La fillette meurt, la femme se prépare sur les draps brodés, soif, soif, soif, et une faim que je n'avais jamais éprouvée.

Julián dort maintenant, mes cuisses tremblent, je frissonne sans maîtriser ma mâchoire et mes jambes ; la nuit et la frayeur m'enferment. Je reviens à moi. Qu'as-tu fait, Anaïs ? Qu'avons-nous fait tous les deux ? Ce corps étendu, mouillé, au centre endolori, m'appartient-il ?

Corps découpé sur lequel on a pratiqué une dissection. Mutilation lyrique qui bourdonne à mes oreilles et frappe l'âme de la libellule, inaugurant le corps, rendant adulte un corps de diamant, la fillette est enterrée dans la nuit tropicale éloignée et grise, menaçante.

Julián est allongé, il dort détendu et nu. Le corps des hommes est infini, quelle beauté, différente et exotique, je jure de les aimer quitte à passer pieds nus sur les souffrances de leur cruauté, endormis ils semblent inoffensifs, mais si j'ouvre bien les yeux, si je me rappelle, je peux affirmer qu'il y a des hommes qui pourraient nous rendre folles. Attention, Anaïs, attention à la beauté différente, courageuse. Je fais attention et me lance, je tombe malade et me soigne. Je tombe amoureuse et prends peur.

Cette intimité s'achève avec l'aube, puis ma chambre devient une place publique et mon corps, une cellule visitée par les cousines et les domestiques, inspectée par Antolina, et inondée de soleil. Dans cette île, personne n'a de limites. Tout le monde est au courant de tes règles, tes migraines, tes histoires de chiffons, tes serviettes hygiéniques et tes remèdes, tes larmes et tes grains de beauté, tes phobies et ta faiblesse. La lumière est trop de lumière, et les yeux te dénudent d'un coup de griffe. Le mot *intimité* ne figure pas dans l'élucidation quotidienne.

Le jour se lève. Je réveille Julián parce que la maison s'anime.

Allongée par terre, son amazone égarée le renvoie, il ne parle pas, m'embrasse et me caresse, il ne s'en va pas ; il me pénètre une seconde avant l'aube.

Je pleure. Je crois qu'il est juste de sangloter à l'enterrement de cette fillette abattue, à nouveau abandonnée à l'aube.

Mon lit est le refuge d'un chiot désobéissant. Je suis féconde et je suis belle. Pour la première fois, le sommeil m'apaise.

Le guerrier est parti et son apprentie imite, sur le champ de bataille, l'explosion de son ventre, répandant la pluie dorée sur le lit défait.

Quelqu'un m'apporte le petit déjeuner, et je demande qu'on me laisse seule, seule, seule, afin de pouvoir continuer à sentir sa trace entre mes cuisses.

Julián a l'odeur de Cuba, et Cuba celle de mon père.

Antolinita entre et écarte les rideaux, « aérer la chambre », c'est ainsi qu'elle qualifie son geste de chaque matin, elle est un peu maniaque, elle le fait toujours à la même heure et avec les mêmes yeux étonnés, le corps dressé vers le paysage, dévoilant... dévoilant. Elle pense que j'ai de la fièvre. J'ai tellement transpiré que je suis trempée. Elle fait préparer la baignoire, ôter les draps tachés. Tout le monde prend peur, que m'est-il arrivé dans le court délai de la nuit ? Ils menacent de m'apporter les restes de luxure en dessous des remous d'eau semée de violettes. Je cherche un foulard en soie. Je dénoue la moustiquaire de gaze épaisse, et je m'y cache, regardant le panorama avec calme, simulant le filtre d'un voile de mariée. Je récupère un peu d'essence dans la toile, tous ses jaillissements, mes fluides voyagent ensemble dans un cours commun. Mon sexe est une petite tulipe ressuscitée.

J'entre dans la baignoire, Antolinita me donne la main et je m'y glisse avec ce sourire qui, je l'imagine, ne peut être provoqué que par l'opium. Ma cousine joue avec moi. Elle me savonne ingénument le dos et m'éclabousse maladroitement les yeux. Je me sens mal à l'aise avec ses jeux d'eau. Je lui demande de me laisser seule. Tout m'exalte, tout est honte et envies, ce n'est pas juste. Ce sont des jeux qui sortent de l'enfance. Je ne suis plus cette petite enfermée et distante. Mes hanches ouvrent des portes et mes talons appuient fort. « L'innocence ne se perd qu'une fois. »

Antolina sait tout, pressent tout, anticipe tout avec sa malignité insolente et blanche.

Elle m'a interrogée sur les draps tachés. Je n'ai pas répondu. Je préfère me taire plutôt que mentir.

Alors les génies de la Générale se sont déchaînés. Elle a commencé sa recherche désespérée pour découvrir où se trouve Hugo.

Demain c'est la nuit de Noël et nous devons aller dans les clubs de tennis, nous inscrire pour les œuvres de charité et descendre dans les quartiers qu'ils considèrent comme *pauvres*, s'ils savaient ce que c'est, les quartiers que Julián m'a fait découvrir, ça c'est la pauvreté. Nous irons avec des bijoux et parfumées, pour aider les nécessiteux. Aïe, Cuba, Cuba !

Je ne veux pas sortir. Je n'ai pas écrit depuis une semaine. Hugo n'a appelé que parce que Antolina l'a exigé. Elle a su que Julián avait comprimé la soie et tué un à un tous mes papillons muselés. Et, comme il fallait s'y attendre, il s'est échappé en me laissant nue dans son filet, sans consolation. La Générale le devine. J'ignore comment, mais mes tantes ont retrouvé Hugo. Elles veulent que je réponde à ses lettres et à ses appels. J'ai refusé.

J'ai besoin de gagner du temps. Julián acceptera peut-être de venir nous rendre visite, je préparerai moi-même des plats que m'a mère m'a appris à confectionner. Je vais lui faire avaler mes envies, de même qu'il m'a montré comment avaler son sexe au milieu de ma consternation.

Ma tante souhaite voir Julián, j'espère qu'elle ne fera pas pression sur lui. Antolinita me dit que sa mère souhaite lui demander de la discrétion. Il convient de l'inviter. Antolinita me raconte que Tia restera enfermée longtemps avec lui dans le bureau. Peu m'importe. Au moins, je pourrai le voir une dernière fois.

Je lui écris, je n'en peux plus. Dorado sera mon messager.

> Julián :
>
> Vous pouvez imaginer que la note qui suit m'engage trop et implique toute ma famille. S'il vous plaît, déchirez ces mots une fois que vous les aurez lus.
>
> J'ai besoin de vous voir, je me demande depuis des jours si j'ai rêvé ou transpiré votre corps. Mes hanches nues qui n'aiment rien. Je ne trouve pas de soulagement dans les longs bains de siège, ni dans les éternelles promenades

à cheval que m'ont offertes mes cousins pour alléger mon chagrin. Tout ne serait que joie si j'avais eu de vos nouvelles. Je ne comprends pas pourquoi vous vous échappez et m'abandonnez. À quoi votre fuite est-elle due ? Ne craignez rien, je ne souhaite pas vous compromettre, mais vous voir et recommencer nos espiègleries nocturnes, parmi les ombres de « la Générale ».

J'ai cessé d'écrire dans mon Journal, plongée dans un deuil étrange à cause de votre absence. Mais je me suis lancée dans l'action, je ne suis pas une femmelette plaintive et je prends généralement l'initiative. Anaïs n'attend pas, ni à Cuba, ni à NY, ni dans sa tête.

Je suis allée faire des courses sur un marché pittoresque et bruissant de voix. J'ai choisi des fruits secs, du bon vin, des fruits, du poisson et d'autres merveilles exquises qui arrivent ou prospèrent sous les tropiques.

Chaque fois que je touchais un fruit de mer ou choisissais un condiment, un fruit, une sauce, du caviar, du pain noir, ou un ingrédient salé ou sucré, je réfléchissais et votre bouche apparaissait.

Je pèse les épices, imaginant ce que vous ressentiriez en avalant les aliments que vous apporteraient mes mains. Je dissous dans le feu les délices que dégage votre nom. Je me contente de cette fièvre illusoire, je répète dans la cuisine notre curieux et piquant mélange. Je vais vous offrir mes saveurs. Mettre des fèves à ramollir, de la viande à cuire, des poissons au four, condimenter du riz, faire du pain : tout sera fait spécialement à votre mesure. Chaque instinct me conduit vers votre nom. Le chemin de la fumée me conduit vers la maison de votre corps et tout ce que dégage encore ma mémoire en cage.

Laissez-moi vous nourrir de ma main.

Je vous ai acheté :

Du mérou

Des figues

Du lait frais

Du pain français

Des crevettes

De la pulpe d'abricot

Des mangues

De la farine de maïs

Des raisins secs

De la viande coupée en tranches

Du riz sauvage et du persil

Du fromage bleu

Du vin rouge

De la vanille pour le lait

De la vanille pour l'eau avec laquelle je compte me laver ensuite. En vous attendant.

Tout cela est un prétexte pour nous dire au revoir. On va bientôt me renvoyer de la Finca et, avant de traverser la mer, je veux vous offrir un dîner merveilleux, avec mes meilleurs outils : des bougies, de la musique, du vin français et du jasmin flottant dans des assiettes aux armoiries de la famille. Ensuite, nous nous dirons adieu, comme nous avons dit adieu à ma virginité dans son courage. J'ai voulu acheter des fraises pour le dessert, ces fraises que je n'ai jamais trouvées sur les marchés de cette ville labyrinthique. Mais qui vous rappelleraient mon sexe saignant sous le va-et-vient de votre voix, quand il gémissait, elle le chargeait.

Je veux pleuvoir, je veux boire, je veux vous alimenter avec la vanille que je vous ai dérobée cette nuit, vanille de votre sexe, breuvage qui m'entraîne encore en dehors du monde.

Vous possédez un monde incompréhensible et barbare, je veux vous montrer que je suis à la hauteur sauvage de ce désir. Vous avez posé un accent extravagant sur ma douleur, je vous suis dans votre chevauchée. Le gingembre suscite un accent piquant, aphrodisiaque, de sortilège arabe, raconté par les Maures, découvert dans les livres interdits pendant la honte adolescente.

Venez jeudi, Julián, personne ne vous fera de reproches, je garde le silence. Sentez mes saveurs véritables, voilà ce que je suis dans votre bouche, répandue, gracile, petite. Avalez tout ce que je prépare, souhaitez-moi bon voyage.

Cherchez-moi, trouvez-moi dans le cumin et dans la saveur aigre des oranges cuites dans le sel.

Vôtre,

Anaïs

P. S. : Vous pouvez amener vos amis. Indiquez-moi juste leur nombre. Déchirez cette lettre, je vous en prie.

Dorado revient avec le chiffre cabalistique de sept sur les lèvres. Mais ce n'est finalement pas le cas, nous serons quinze personnes à table. Pas sept.

Jeudi, Julián viendra, ce sera un duel avec la Générale et un banquet avec moi. Tout m'excite. Dorado me remet une esquisse au fusain. Il me demande de bien vouloir l'accepter. Elle provient d'un jeune homme, un ancien élève de San Alejandro, sa famille a tout fait pour qu'il s'inscrive en droit, mais il s'accroche à la peinture. Il m'a vue à l'école où il déposait des papiers pour obtenir une bourse à Paris. Il m'a suivie à plusieurs reprises, y compris ce matin dans la vaste Académie. Il peint merveilleusement. Le portrait est peu conventionnel et laisse voir de nombreux aspects de moi que je n'avais pas remarqués. Je prie Dorado de l'inviter pour jeudi, mais il refuse car il me dit que le jeune homme est d'ascendance métisse, pauvre et sans lignage.

« Invitez-le par charité. » C'est la seule bonne action que je vais faire pour Noël, ai-je dit de cette voix avec laquelle la Générale appelle les choses par leur nom. Je vais mettre son nom sur ma table. Peu importe sa couleur. C'est simple, Lam m'offre son dessin, alors je fais la cuisine pour seize personnes. Dites-lui qu'il est invité. Que je l'attends. Que ce sera un véritable honneur d'avoir à table un artiste tel que lui.

Dorado descend avec inquiétude à la réserve. Il a peur. Il sait que la guerre des tantes est la pire de toutes les guerres possibles.

Aïe, Cuba, comment peux-tu te montrer si colorée et diverse, et en même temps mentir sur cette exubérante vérité ? Mon portrait reste sur la coiffeuse. En le regardant, je découvre mes traits, je dénude mon visage, comme devant un miroir.

Hugo appelle à 6 heures du soir. Je descends en courant, à moitié nue dans le peignoir de soie plaqué sur mon corps trempé, qui sort de la baignoire. Ma tante réprouve mon comportement.

Hugo : c'est comme si sa voix m'appartenait. Je l'entends comme si je me distinguais moi-même, mais à une autre époque. Hugo est New York. « Chère Anaïs, mais, *petite*, où sont passés les pleurs et les angoisses qui montaient de ta poitrine pour ce banquier rigide? » m'a-t-il demandé.

Je l'ignore. J'accepte tout ce que dit Hugo, je n'y accorde guère d'importance et c'est pour cette raison que son bateau à vapeur devancera mon appétit pour lui. Je le laisse faire. Ensuite la vie ordonnera les événements. Antolina est assise sur sa bergère, elle me demande ce que voulait Hugo et je lui réponds qu'il va venir pour m'épouser. Tia essaie de dissimuler son émotion, mais elle s'y attendait, ce n'est pas précisément une bonne actrice.

Je répète ses paroles : « Anaïs, je veux t'épouser, tu es ce que j'ai attendu toute ma vie. »

Mon Dieu ! Je me rappelle que c'est le bon moment. Tia vient de laisser couler deux petites larmes sur son visage plissé d'intentions. Je me mets à ses pieds, m'agenouille et lui adresse deux supplications : que jeudi elle ne soit pas dure avec Julián, et qu'elle permette de venir au peintre, celui qui m'a fait l'honneur de l'inspirer, bien qu'il soit pauvre et métis. La Générale fronce les sourcils, mais le mot *charité* la comble d'orgueil, et elle me tend la main pour me faire asseoir sur ses genoux. Elle accepte et me prend dans ses bras.

– Parle-moi d'Hugo.

– Tout s'est passé comme tu l'avais prévu, chère Tia.

Nous rions comme deux petites filles espiègles. Elle m'oblige à me changer pendant que nous parlons de la robe de mariée. Si elle savait que j'ai toujours voulu m'habiller en noir pour cette cérémonie. Bref. Hugo le sait, il me connaît, il me le permet. Disons que, comme on le formulerait en bon espagnol,

Hugo torée mon caractère de même que j'accepte sa charge, ses banderilles armées de froideur.

Je pense à Julián. Ma vie voyage d'un côté, mes sentiments errent de l'autre. Je suis un pays aux deux rivières. Le courant ne m'emportera pas. Seule la mer peut m'engloutir et me transformer en un vaisseau creusé par les poissons. Pour l'instant, je sens les galets émoussés voyager en moi, à une allure déplorable ; ces pierres noires, lubriques, que je vois le dimanche dans la rivière qui coule devant la maison ; ces jours paresseux et trompeurs, quand tous dorment et que je me dégèle. C'est le moment terrible, l'instant où je me recouche près du fromager pour écouter l'eau se plaindre en circulant avec fureur dans le cours de ma propre âme.

Je pense à Julián et à Hugo. Julián devrait m'appartenir si j'avais la possibilité de choisir, si, comme mes parents, j'étais née sur cette île ; mais je suis née à Paris, j'ai vécu à New York, je suis cette étrangère devant laquelle les familles reculent quand je m'attache trop. Hugo est l'exil et le monde vers lequel je me précipite maintenant, sans le vouloir, avec l'aide du hasard et des étranges pièges de cette terre, avec des sortilèges féminins et des capes qui ne nous appartiendront jamais, nous y allons, entraînés vers le mariage comme une châtaigne vers le feu. Même si nous insistons pour nous allumer, nous avons déjà été éteints, Hugo est déjà un être trop lointain pour moi, qui ai touché Cuba et me suis brûlée. Je regrette tellement. Nous y allons.

24 décembre. Réveillon de Noël.
El Almendares. M. Villalba, le Petit Marquis,
Yoyo García Montes, Carmen, Baby,
mon oncle et ma tante.

Cher Eduardo :

Je te demande de venir à La Havane le plus tôt possible, tu ne dois pas rater le mariage dont nous avons tant parlé. Curieusement, c'est le véritable sens de ce voyage. Qui l'aurait dit ! Le pire, c'est que, sur le point d'atteindre mon objectif, je n'éprouve plus le même intérêt. Hugo a fait l'impossible pour me quitter en jouant froidement de l'absence. Il m'a manqué si longtemps que je vais aller à l'autel avec quelqu'un que j'ai appris à ne pas regretter. Je vais devoir apprendre à le connaître. Celui que j'ai été obligée de déshonorer d'un coup, de faire sortir avec urgence de mes portraits, celui-là même pour qui je pleurais chaque nuit devant toi, tu te rappelles ? Aujourd'hui, il se colle, avec le même naturel que mes vêtements, au corps qu'il avait quitté sans égards.

Comme tout est contradictoire, mais bon, il s'agit d'« elle », la noce attendue, souhaitée, endurée.

Cher Eduardo, tu dois y assister. C'est nécessaire. Je ne te demande jamais rien en vain. Fais-le pour moi.

Ta cousine qui t'attend.

ANAÏS

Chère Mère :

Mes tantes veulent vous inviter à un mariage qu'elles ont elles-mêmes ourdi. Comme je suis venue à Cuba sous la tutelle d'Antolina, je les laisse faire sans manières. Je ne peux pas vous impliquer dans un mariage auquel vous n'avez pas donné votre consentement. On me l'apprend à l'instant même où je vous écris.

Après votre approbation, j'accepterai ce qu'on me demandera comme un ordre divin, car je sais que tout le monde veut ce qu'il y a de mieux pour moi. Je me remets entre vos mains.

Vous me manquez beaucoup et je compte les minutes avant de nous retrouver. Ma santé s'améliore de jour en jour. Mère, je vous demande ce qui peut être le mieux pour nous et je m'oublie. Je crois que c'est la meilleure réponse à la fin de ma retraite.

Ne manquez pas de saluer mes frères, que j'imagine à chaque bain de mer et à chaque promenade à cheval. Aux Madriguera et à tous ceux qui nous aiment et nous accompagnent, mes meilleurs vœux. Une très grosse bise de votre désormais très lucide

ANAÏS

Mon cher petit Joaquín,

L'heure est venue et je vais bientôt jeter la mantille sur mes épaules pour décider avec qui je ferai le voyage vers le futur.

Hugo est-il la bonne personne, celle à qui je dois confier mon salut ? La réponse semble affirmative.

Là où je serai, tu seras. Je jure de ne pas t'abandonner car tu fais partie de moi depuis que j'ai usage de raison.

Quand cela arrivera, ne te sens pas triste. Ta sœur gardera toujours une place pour tes illusions. Une maison avec une chambre, une table, du pain et un piano pour toi.

Tu es l'artiste que je regrette, tu es le meilleur de nous trois, tu le sais.

Je t'aime parce que tu m'aimes. Tes critiques ne sont jamais douloureuses et tu élèves toujours mon esprit aventurier et hors du commun.

Tu m'as beaucoup manqué, et cette noce finira par nous réunir comme avant.

Sois tranquille, je vais très bien.

Ta sœur qui t'adore.

ANAÏS

25 décembre – Thé chez El Almendares : A. Belt, mon oncle et ma tante, mes cousins, M. Villalba, le Petit Marquis, P. Mendoza.

Les jours passent et Julián n'a pas confirmé sa participation au dîner. Toutefois ses invités, que je ne connais même pas, l'ont déjà fait.

La maison prépare un mariage dont je ne m'occupe pas. Mes sens guettent la porte. Personne n'apporte de mot de Julián. Comment est-ce possible ?

Le jeune Lam est venu personnellement ce matin dire qu'il viendrait. Il a franchi tout en sueur la grande porte d'entrée du vestibule et je lui ai demandé de monter regarder le paysage.

De ma chambre, tout est paisible. Il a été ravi de voir son dessin sur ma coiffeuse. Le peintre est chinois, posé, métis, élégant. Il parle peu et avec modestie. J'ai demandé au chauffeur de le reconduire.

Je veux poser pour lui.

Je ne dois pas oublier le Marquis, je vais lui confier la nouvelle de mes fiançailles. J'ai su que René embarquait déjà pour Paris. Pour tous, le voyage est presque achevé.

Mercredi : Julián a appelé à l'aube. Antolina a reçu sa confirmation. Au moins il viendra. Je commence à cuisiner moi-même. Ce sera comme un adieu à ma vie de jeune fille, je le prends ainsi.

Mes tantes choisissent ma robe, je les prie d'attendre Hugo. J'ai la tête ailleurs.

LE BANQUET

Menu pour Julián et les invités

PREMIER PLAT

– Crème de langoustes avec des morceaux d'ananas, fromage bleu gratiné, servi avec du pain français.
– Sorbet au citron (Pour rincer le palais).

SALADES

Salade de crevettes avec de la roquette.
– Fines tranches de viande marinées dans du vin avec des oignons et de petites tomates.

DEUXIÈME PLAT

– Mérou à la sauce d'abricot et de figues.
10 cuillérées de sauce au soja faible en sodium
6 cuillérées de gingembre épluché et haché
4 bâtonnets de cannelle
500 g de nectar d'abricots
filets (de 170g) de mérou

– Riz sauvage avec du persil.
Riz sauvage pour 16 convives.
Huile d'olive.
Sel et jus de citron.

DESSERT

– Glaces aux fruits tropicaux.
– *Mousse** de vanille au gingembre.
– Biscuits au beurre.

Café américain.
Liqueurs.
Vin français.

Je cherche parmi les merveilleuses saveurs que m'a mère m'a appris à combiner. La sensualité préside cette lignée, des femmes ensorcelant le palais de leurs hommes. Des saveurs interminables. C'est dans mon style, dans la femme qui ne cesse d'expérimenter les sentiments et les sensations. Je me délecte à créer des passions grâce aux influences que déchaînent mes breuvages, mes potions, mes fins sortilèges parisiens.

Je me laisse aller dans chaque épice, dans chaque huile ou dans la force du feu.

Je suis sur le point d'être dégustée, savourée à travers ma cuisine.

NOTE : Toute l'eau dans laquelle j'ai fait cuire les aliments sortait de mon corps. Après m'être baignée avec soin, m'être parfumée avec des violettes et des essences balsamiques, je me suis rincée dans ma baignoire, de haut en bas. L'eau de ce bain, cette eau propre et pure sortie de moi, a été l'élément qui a unifié les délices de cette nuit.

Moi seule, la lumière très faible. La table dressée et les invités… absents.

Les avocats Héctor et Ernesto Villalba arrivent. Ils s'installent dehors, sur les bergères dans les galeries extérieures aux colonnes torsadées. Leurs fiancées grassouillettes et poudrées me poursuivent dans la salle à manger. Elles touchent et font sonner le Baccarat avec éclat.

Julián n'arrive pas.

Peu à peu, mes cousins et leurs accompagnatrices m'embrassent un par un ; mon Dieu, comme leurs parfums incongrus sous les tropiques sont lourds. Je cours des paravents à la porte du vestibule, je me perds dans les toilettes du fond. J'ôte l'arôme de mon visage. J'entre avec du papier sulfurisé qui sent la lavande.

Je monte dans ma chambre, je me poudre et me recouvre de ma douce fragrance de jasmin.

Mes cuisses aussi.

Bientôt, Felo me conduit dans le vestibule et me présente José Raúl Capablanca. Mes cousines tremblent, m'ouvrent les yeux, sont sur le point de se rendre. Je ne les avais jamais vues aussi éclaboussées de grâce et de pondération. C'est réellement le plus beau champion d'échecs qui se puisse voir. Il est accompagné d'une Russe émaciée, un spectre qui le met mal à l'aise avec sa jalousie et ses minauderies, ses airs exagérés et qui le pince.

Capablanca aperçoit Wifredo, qui arrive à pied par l'entrée du jardin. On me dit que c'est un apprenti formidable, assidu et très observateur, on raconte qu'il est déjà membre de l'Association des peintres et sculpteurs de La Havane. Il me parle d'un salon dans la zone portuaire où il a vendu quelques pièces.

J'accours à la rencontre du dessinateur maigre, fibreux comme la canne à sucre. Mes cousines ne comprennent pas que je délaisse l'intelligence en col blanc au profit du talentueux, mais humble, peintre métis. Cet artiste est quelqu'un sur qui nous ne pouvons pas tirer de conjectures. Je passe des heures devant mon portrait et ses traits me remuent. Je l'admire profondément. Comment pourrais-je l'aider ? Comment pourrais-je m'aider moi-même ?

Julián n'arrive pas. Cela m'angoisse. La table est couverte de violettes, Antolina ne voulait pas mais je les ai éparpillées avec goût sur une nappe lilas qui se trouvait au fond de l'armoire.

Je me rends devant la statue de la Vierge : la Charité du Cuivre est fastueuse et sensuelle. Je lui adresse une demande, ce qui n'est pas courant chez moi, je la prie, je l'honore. Dans mon désespoir, je l'implore de faire de cette nuit ce que doit être ma vie dorénavant. Dorado me dit que le Petit Marquis est dans le bureau avec Antolina. C'est toujours une ombre, si doux et effacé, je ne l'ai pas vu passer.

Capablanca n'attend pas que je l'interroge sur ses succès au tournoi du 21, il doit en avoir assez de raconter la même chose. Il me parle de son travail comme modèle. Je lui dis que j'ai commencé par tenir des journaux et que pour finir je réfléchis à un roman sur ce que j'ai vécu à Cuba.

Il me demande si je trouve du charme à cette réalité.

Je lui réponds que la réalité, si profonde soit-elle, n'est qu'une arête de ce que nous voyons. Tout ce que j'écris symbolise ce que j'éprouve, si ce n'était pas le cas, alors mon écriture ne serait pas de l'art, plutôt un miroir exact de notre discussion. José Raúl hésite, m'embrasse sur la joue et s'écarte pour méditer.

Mes cousins plaisantent à voix basse, on raconte que Capablanca était un enfant prodige. Champion mondial de bridge, de billard, d'échecs (bien sûr), mais mauvais, très mauvais aux dominos, et à Cuba, c'est un péché. J'entre à la cuisine, je goûte, je déguste, je sens, je touche. Les choses sont disposées en ordre sur la vaisselle, en revanche, en moi tout est folie.

Pablo et Graciela de la Torriente se présentent avec deux bouteilles d'un vin importé de Puerto Rico. Dorado les débouche et la fête mesurée et souriante commence.

Julián n'est pas là, il n'arrive pas, il est en retard, il me ravage d'anxiété.

Antolina entre, la clochette dans les mains.

Elle craint que le vin ne déborde les sens.

– Ils sont tous très jeunes, trop, pour ainsi dire. Allez, les enfants, à table !

La Générale préside, comme d'habitude, et je suis à sa droite, le dos bien raide.

On retire sans mon autorisation les couverts de Julián. Je me fais vraiment pitié. Trop pour me survivre au-delà de cette jeunesse gênante. Pablo me demande de prononcer quelques mots, je refuse, mais le joueur d'échecs me force la main.

– Anaïs, ce dîner fabriqué de tes mains, est-il bien réel ? Allons-nous voir quelque chose sur la porcelaine ?

Je respire et me calme pour me lever.

Tout le monde sait qui manque. Mais en son absence la réalité devient hallucinante, Julián définit tout. Avec lui, Cuba est toujours un peu plus. Ce sont mes convives, mes attaches et la seule excuse pour rester à La Havane, à la merci de quelque chose qui ne sera plus une promesse. Un époux pour cette femme lunatique et fantasque.

Je pense tout cela en mon for intérieur. Pas un mot n'est sorti de ma bouche. Mes yeux parlent. Les langues se croisent. C'est certain, je suis irréelle et je ne peux me cacher derrière la mystique intervention de ce guerrier. Peut-être Julián l'a-t-il vu, il m'a vue dans mon délire et a échappé à son monde essentiel. Auquel il appartient.

Antolina vient toujours à mon secours, elle demande de porter un toast à mes fiançailles avec Hugo Guiler, c'est tout.

Le Marquis me baise la main. C'est sa transparence qui le masque, son écharpe le cache si bien. Il demande que l'on me porte un toast, et je prie Dieu de me laisser ingurgiter sans le rendre ce que j'ai préparé avec soin.

Tous font des éloges sur mon dîner. Ils demandent si c'est du céleri ou du curry, ou peut-être le persil avec le vin qui… Ce sont le gingembre et le rhum en tant qu'ingrédients qui déclenchent les rires de chaque convive.

C'est Dorado qui m'a appris à mettre du rhum, sa touche cubaine à mes recettes.

Ils ont tout mangé, tout ce temps à cuisiner, tous ces jours à prévoir… et voilà, au bout d'une heure chaque plat a disparu de la table.

La fiancée de Felo joue du piano doucement, avec obéissance, pendant qu'on sert les liqueurs. Puis c'est au tour d'Antolinita d'étrenner ses dons en public.

Le Marquis réclame le silence. Il veut lire quelque chose qu'a écrit un admirateur secret pour moi. Je rougis, je meurs de douleur à cause de Julián et j'essaie de résister debout, soutenue par Antolinita sur sa bergère.

Le Petit Marquis hausse le ton et, de sa bouche d'acteur, déclame dans un espagnol clair et subtil pour que je comprenne. Son diaphragme s'enflamme en déclamant délicatement ; nous écoutons attentivement son discours :

LA JEUNE FILLE AU THÉÂTRE[1]

Et pendant que tu te penchais
impatiente sur le vide,
interrogeant

La pourpre poussiéreuse,
j'ai vu le bord courageux du béret,

1. Fragment d'un poème d'Eliseo Diego. (*N.d.A.*)

ton œil sérieux et véloce,
la légère
chevelure lâche, nonchalante, oh chasseuse,
et la terrible terreur m'a touchée sur
tes épaule fragiles tombait
le matin en déluges, oh lumière,
en fugues de murmures,
et plus rien
ne pourrait me protéger de ta jeunesse.

Nous demandons tous qui en est l'auteur, je pose moi aussi la question, malgré ma déception neurasthénique ; mais le Marquis ne révèle pas le nom du talentueux écrivain.

– Tu le sauras dans les origines d'une autre vie, Anaïs.

J'ai pleuré, en proie à une peur douce, une peur du temps qui allait s'écouler, tremblante comme les arbres qui entourent ma maison à New York, quand l'automne les plume irrémédiablement. Il les laisse nus, solitaires, dépouillés.

Je suis sortie vers le portail. Les invités s'occupent d'eux-mêmes, pendant que ma tante met de l'ordre dans le séjour pour juguler ma douleur. Les Cubains chantent et dansent presque sans raison, par chance, par chance, par chance. Que Dieu les bénisse toujours. Que Dieu conserve pour toujours ce don aux Cubains, qui animent même une veillée funèbre de leur joie de vivre.

Bientôt une femme vêtue de gris apparaît aux confins des étoiles et des fromagers noirs. Elle me remet une lettre, nerveuse, pressée, certainement écrite pour sortir de ce mauvais pas.

– Je suis Paulina, une amie de Julián.

Elle me tend la lettre et me regarde déchirer l'enveloppe, décomposée.

Je lis :

> Anaïs,
>
> Je ne peux accepter que tu me fasses la cour.
>
> Mon nom compromet ta famille, je suis loin d'unir ma vie à une autre cause que celle que tu imagines ; je ne peux m'étendre en promesses.
>
> Je me consacre à un entêtement lointain à tes chapeaux, et à tes vêtements, à ces poèmes, caresses : de belles phrases en espagnol émaillé de français qui te rendent sensuelle comme personne, celui-là même qui t'éloigne des palmiers et de la terre fertile qui nous fait désormais trop mal.
>
> Ton cœur cultivé de dame intense trouvera la paix ailleurs. Il règne ici une grande douleur, et j'en suis trop conscient pour l'esquiver.
>
> Rappelle-toi : le devoir est plus fort que mes sentiments.
>
> Paulina L., qui t'apporte cette lettre, est une amie uruguayenne, féministe et brillante oratrice,

à qui je confie ma vie et mes plus grands secrets. Laisse-la entrer dans la tienne.

Je serai toujours auprès de toi, nous sommes inévitables, tu le sais.

Excuse-moi, je t'aime et je t'embrasse.

JULIÁN

J'ai fait entrer Paulina. Elle a séché mes larmes qui tombaient sans retenue quand je lui ai demandé si elle avait déjà dîné. Sans le vouloir, je lui ai parlé en français, c'est une dyslexie fréquente qui ressort quand je ne contrôle pas la situation. Mon espagnol est pathétique, mais je peux dire ce genre de choses sans hésiter.

Paulina m'a parlé de calme, de force morale. Elle pense qu'une femme doit rester ferme devant la parole d'un homme. En fait, elle a agi avec douceur, mais cela n'a pas suffi, j'étais brisée, je sanglotais.

Je suis allée chercher de l'eau-de-vie, j'ai volé dans la cachette de Dorado une énorme bouteille, qui m'a ramenée à la vie.

Ensuite, quatre claquements de mains ont suffi pour que tous m'écoutent ; entre le vin et les éclats de rire, la honte et la fraîcheur ont accueilli mes paroles.

– Écoutez bien, les peintres, ici présents. Dorado va distribuer les pinceaux et les cartons d'étude. Je m'approcherai progressivement de la lumière et je veux que chacun dessine ce qu'il verra de moi, ce qu'il verra dans cette femme qui posera nue, sans pudeur ni innocence. Un ami poète l'a dit : « L'innocence ne se perd qu'une fois et la vie est très longue. »

Antolina resta stupéfaite à sa place habituelle, envahie par la terreur elle ne cilla pas, et la fureur ne la fit même pas sursauter devant mon acte de désinvolture arrogante.

J'ôtai mon chapeau et sur mes pieds tombèrent les reliefs de vêtements qui, à ce stade, ne servaient à rien.

Pablo, Wifredo, Graciela, Ernesto et même Héctor, prenaient rapidement des notes sur la surface blanche et plane. J'étais fière, tuméfiée, comme droguée. Rien ne pouvait corrompre cet état. Poser, c'est rendre éternel.

Mon regard se promenait dans le séjour, mon corps restait comme un vase au centre de la lumière.

Paulina souriait, amusée, elle allumait sa cigarette de la main gauche, se servait d'un magnifique fume-cigarette en ivoire sculpté. Mes cousins, sur le point de décharger leur colère à travers des exclamations hystériques, se retiraient peu à peu dans leurs chambres.

Leurs fiancées s'échappaient dans leurs voitures, mais les peintres et moi restâmes plongés dans notre séance.

À la fin du processus, Antolina apporta un grand châle espagnol et m'en recouvrit.

Elle renvoya chaque peintre avec beaucoup d'élégance et fit raccompagner Lam par Dorado dans la Ford T.

La Générale ferma les portes de l'empire. Elle me gifla avec naturel et partit se coucher en me laissant entre les mains toutes les versions de moi qui avaient été dessinées.

Je lis le mot de Pablo sur mon dessin :

Parce que mes yeux ont été faits
Pour voir les choses extraordinaires.
Et ma petite machine pour les raconter.
Et c'est tout. (PABLO)

– Je suis incorrigible, dis-je sans une once de remords.

Peu à peu, j'ai retrouvé la pudeur, mais jamais mon bon sens.

Je me suis approchée du téléphone, j'ai réfléchi, un instant, reporté ma décision. Je suis montée en courant dans ma chambre et j'ai trouvé le numéro de Flor dans mon Journal.

Je suis vite descendue au salon, heurtant maladroitement les meubles, en composant le numéro sur le cadran je n'étais pas sûre d'avoir composé les chiffres dans le bon ordre, d'abord un cinq, puis un neuf... Le vin transporte, les gifles étourdissent, mais je suis sûre de la personne que je peux trouver disposée à me guider dans la ville en cette aube vaporeuse.

Enfin les tons froids : d'abord un majordome maladroit, puis une voix dure de femme dans un anglais londonien, et enfin Flor. Ma Flor.

J'ai tout abandonné, la Finca, la prison de mes tantes, y compris le bonheur discret de cet exil en échange de ma liberté, séduite par Flor, qui m'a avoué à quel point elle avait hâte de me voir.

FLOR ET LA VILLE EN ÉTAT DE VEILLE

Une fois au port, bien protégée par la couverture d'Antolina, celle avec des franges, en velours bleu dur, j'étais en sécurité. Je me sentais bénie par cette possession : plusieurs études de moi, dessins au fusain estompé, versions multiples de ma silhouette blessée. Je peux me voir, eux non, même s'ils délimitent les seins et le pubis délicat qu'ils ont si souvent imaginés, en coloriant dans la solitude, mes yeux larmoyants sous la lumière.

Le prix pour être quelqu'un ou quelque chose de différent s'élève à des millions, et ne pas perdre ce droit d'être le plus impressionnable et crédule des êtres que je connais dans ce monde vaut bien plus ; ce siècle a mal commencé, très mal pour les femmes comme moi, « une bête curieuse ». Le nu était un prétexte pour oublier. Qui se soucie en réalité d'un modèle qui prend des notes dans des journaux à la couverture de cuir et verse des larmes fractionnées ?

Flor arrive dans sa voiture, m'étreint, libre et souveraine, au milieu des femmes du chantier naval. Les jeunes sentent la décomposition des femmes, et les alcools pourrissent dans les coins, achevant les pauvres habitants ivres de l'insomnie.

La lune est étrange. Je vois mon visage dans cette lune brisée, je me vois dans la solitude sur le dessin sourd qui ternit ce que j'ai toujours voulu être. Je ne suis pas la femme que je souhaite être, ni celle qu'on dessine, ni celle qu'inventent mes tantes, je suis une orpheline qui convoite le joyau que tous possèdent sauf moi : la maison, le foyer perdu, mon diamant maudit et égaré dans l'enfance.

J'entends les chiens errants, ces mendiants aboient comme des animaux malades.

Je lève la main devant les inconnus et je maudis ma malchance. Les bookmakers parient et les surveillants ferment les yeux pour que des bateaux jaillissent des marins amnésiques et des expériences barbares qui seront vécues sans frein.

Flor me prend par la main. Elle m'embrasse très fort. Elle m'enveloppe dans son odeur de « colombe de rivière ». Elle me fait retrouver mes désirs et me rend mon arrogance. Ce mât qui fait tenir debout une Nin Culmell comme celle que je suis depuis 1903.

– Je suis vivante ? ai-je demandé à Flor.

– Nous sommes prêtes, dit Flor, ouvrant les yeux sur la nuit.

Nous allons d'un bar à l'autre, chantons, ivres, et voyons onduler les rues de La Havane, tout en déclamant d'absurdes poèmes perdus. Nous nous aimons et nous prodiguons des caresses que personne ne nous donnerait à cette heure.

Flor m'explique qu'il est impossible d'aimer un héros, nous ne pouvons saisir ces êtres titanesques que dans les romans.

Elle pense qu'ils naissent pour filer aussitôt. Ils meurent jeunes. Ils laissent des veuves, les abandonnent sur le manteau de la nuit, elles, les fidèles, pâles et tristes, qui ne me rappellent pas cette Anaïs pleine de désirs et d'éclat.

– Anaïs chérie, tu souhaites vraiment perdre ton identité et ta force ? En échange de quoi, adorable reine ? Tu veux être l'épouse d'un leader ? Que Dieu nous protège !

Flor est la rupture même, la désobéissance intégrale et la vérité nue à n'importe quel prix. L'insurmontable sincérité. La beauté à outrance de la sobriété. Flor est fleur parce qu'elle est née tempête, pas à cause de son nom ni de son rôle sur terre.

Elle m'embrasse, m'embrasse avec toute la passion que ne m'a pas donnée Julián lors de cette nuit étrange.

Elle me raconte qu'elle ne tient pas un journal, contrairement à ses frères et sœurs qui passent leur temps à fouiller dans leurs vies. Elle préfère séduire et se taire. Ressentir et ne rien dire de ses expériences en jouissant de sa propre pensée intérieure.

Collée à mon sein, elle improvise ce poème qu'elle invente désespérément, après avoir écouté mon histoire et l'avoir décortiquée impitoyablement :

... Qui n'a pas pu mordre ton jeune poumon
et tu es assoiffée.
Aie toujours peur de la soif...
tu la prendras dans tes bras
tu tireras ta lumière d'elle
– elle a un œil d'aigle
et une bouche de femme.

Tu lui as tordu le cou
et elle a planté ses griffes en toi
jusqu'où tu ne dois pas savoir !
Elle n'a pas pu mordre ton jeune poumon... !

Je n'ai jamais rêvé d'embrasser une femme. Je ne pensais pas pouvoir embrasser Flor, mais celle-ci ne me laisse pas le temps d'un Non. Elle vole un seul baiser à ma bouche étonnée. Elle la mord et sourit, pendant que je lèche ses yeux et la prie de m'enlacer, je veux tellement être protégée, accueillie par un homme en cette nuit d'abandon.

La ville écarte à nouveau les jambes, c'est la même baie nue qui a permis mon entrée à La Havane. Comme cette ville peut changer une personne.

Flor et moi dormons enlacées, pleurant toujours sur la banquette arrière de son immense automobile. Avalant mutuellement nos larmes. Absorbant baisers et plaintes, salive et miracles de nos poitrines et de nos yeux, emportées par l'envie, une immense ambition de nous suffire à nous-mêmes avec nos corps enfantins.

Je suis heureuse en l'aimant dans ma propre image. Elle est l'Anaïs que Flor a voulu être pour moi. Je suis la fleur qui s'ouvre dans sa bouche d'anis.

Cette odeur est peut-être simplement la mienne. J'ai peut-être caressé mon propre corps et les deux fillettes dorment, poisseuses du sel de leur sève, dans une saine nudité, les cuisses entrelacées, lubriques, sans mentir ni perdre leur pureté. Réfugiées dans l'ardeur qu'on nous a refusée pour une raison qui ne nous sera jamais donnée.

Il est 7 heures du matin, le port se plaint dans sa splendeur.

Je dois rentrer et je ne sais comment faire. Comme les arrimeurs portant leur virilité, pesante et laborieuse, sont beaux. Comme nous sommes jolies toutes les deux, enlacées à l'aube, comme des papillons qui viennent de sauter de l'abîme vers le précipice.

Nous allons déjeuner chez Flor. Le portail de cette fastueuse demeure ouvert, on peut découvrir le panorama de fer. Tous utilisent les couverts à bon escient et en silence. On ne dit pas un mot et je recule devant cette sobriété sans les connaître, j'échappe aussi à Flor. C'est fini, je le sais.

Je dois affronter La Finca. J'arrive lentement. Personne ne me salue. Mais peut-être, en me voyant rentrer habillée et intacte, sentent-ils un soulagement. On me sert comme si rien ne s'était produit hier soir, quand les choses semblaient parvenues à leur terme. Mais non. Il y a toujours autre chose après la limite, une Anaïs, par exemple.

NOUVEL AN

Nous l'attendons au Tennis Club. Tout est fête et brouhaha. Il faut avoir l'air joyeux et c'est un ordre. Il y a la famille et les amis. Il manque mes frères et ma maman. J'ai apporté le Journal et j'écris même s'ils trouvent cela ridicule.

Feux fats-feux d'artifice. New York si loin, Père loin, Hugo arrivera quand il sera trop tard. Joyeux 1923 !

Lettre de Mère

Ma petite Anaïs :

L'heure est venue. Hugo a renversé tous les obstacles pour parvenir à toi.

Pourrions-nous accepter quelqu'un de meilleur à cet instant de notre existence ?

C'est ce que j'ai fait avec ton père, résolue et sûre, c'est ce qui rend grande une personne qui obtient l'amour quoi qu'il en coûte.

C'est toi qui dois le dédommager de ce tribut par le dévouement d'une épouse parfaite.

Je trouverai l'argent pour arriver très vite. Je m'efforcerai d'aider, puisque nous n'avons pas de dot à apporter à cette union.

Nous ne te laisserons pas seule. Nous ne t'abandonnerons jamais.

Tu as fait ce que tu devais faire pour nous et pour ton bonheur.

Je suis fière. Tu as grandi de façon inattendue.

Les affaires empirent pendant que mon bonheur dû au tien augmente à pas de géant. Je bénis ta joie, ma fille.

Attends-moi incessamment.

Ta mère qui t'admire.

ROSA

Mère croit comprendre mon amour pour Hugo. Elle n'a jamais essayé lors de mes périodes fastes. Elle vient elle aussi tard à ce qui me fascine. Elle se penche pour me voir et ne remarque qu'un double de moi.

Janvier. Il ne se passe rien en janvier, nulle part, car tout est déjà arrivé. Nous vivons dans le passé de ce que nous avons éprouvé.

Agenda des frivolités ou Journal d'une jeune fille de la bonne société

6 janvier : Théâtre Capitolio : Don Juan. *Cousins et Ramiro Collazo. A. Belt. Roberto Mendoza et Marcos.*

7 janvier : Thé chez Almendares. Oncle et Tante, Cousins.

13 janvier : Thé au Country Club. M. Villalba. Gonzalo Morales. A. Belt. Margot.

Paulina a appelé, elle m'invite à prendre le thé à son hôtel. Elle a essayé de me parler de Julián et j'ai changé de sujet. Des amies de mes cousins m'ont parlé des aventures de Julián. J'évite de penser que Paulina en a peut-être eu une avec lui. Je dois m'habituer à l'idée de l'arrivée de Hugo. Je ne supporte que la visite du Marquis. Il est doux comme une colombe et n'est pas pesant. Mon corps fait une pause, je tente de chevaucher. J'évite le Journal.

Il ne se passe rien ces jours-ci, mon corps retrouve son instinct. J'apaise mon désir pour Julián. Je dois m'habituer à ne l'avoir jamais connu. Je rêve parfois de le voir et de me présenter comme si jamais, jamais, nous ne nous étions connus. En réalité, cela n'aurait pas dû arriver. Seul le destin a réussi ce miracle terrible, imposant.

NOTE : Deux augures sur Julián.

1) Il mourra jeune.

2) La cause en sera le dépit d'une femme qui regrettera de ne pas pouvoir le retenir.

La Finca dort. C'est l'heure longue et terrible de la sieste, le tapis rouge qu'on me tend jusqu'à Hugo a été déroulé.

Tous oublient mes nus, quant à moi je rêve d'ôter mes vêtements devant Lam. Lui et moi seuls, dans ma propre chambre. Poser, rester dans son idée diffuse des choses. Voilà ce que je voudrais. Mais je dois bien me tenir et ce rêve est hors des limites. Je cherche la définition de *limite* dans le dictionnaire de la langue espagnole :

LIMITE : Confins ou extrémité de royaumes, provinces, etc. Fin, terme que ne peut excéder une certaine quantité.

LIMITATIF : Qui limite, restreint ou réduit. Se dit particulièrement des droits réels qui restreignent la plénitude du domaine, tels que le recensement, les servitudes, l'usufruit, l'usage, l'habitation, etc.

DÉBANDADE AU MILIEU DE LA SIESTE

Antolina sort en chemise de nuit de sa chambre et elle me demande de m'habiller rapidement pour l'accompagner chez son docteur. Avant d'arriver dans les mains de Hugo, avant d'être déballée comme un cadeau de Noël, je dois être restaurée comme épouse, comme femme.

– Restaurer quoi, Tia Antolina ? demandé-je nerveusement.

– Ton honneur, Anaïs, ta réputation. Mon engagement avec Hugo et avec Rosa doit être intègre. Il faut réparer ce qui a été cassé. Habille-toi, on s'en va, Dorado attend en bas.

– Vous croyez que cela peut être réparé ?

– Tout dans cette vie peut l'être, excepté la mort. Regarde Hugo, il arrive à la nage, dit, ironique et souriante, la Générale.

Je m'habille, terrifiée, la chaleur ne me permet pas de porter beaucoup de vêtements. Ce que j'ai vécu à Cuba, je ne l'oublierai jamais. Le Journal devient de plus en plus intense.

Consultation secrète à la clinique de famille

– Mademoiselle Anaïs : détendez-vous, s'il vous plaît, et écartez juste les jambes. Vous ne sentirez rien, ce sera comme une piqûre de moustique, ou peut-être… quand on vous a mis vos boucles d'oreilles en diamants dans l'enfance. Ce sera comme ça, je vous le promets. Je vous enduis de ce liquide à l'odeur pénétrante, ça oui, mais il est nécessaire, il me garantit que la zone délicate s'endormira pour que vous ne sentiez rien, ni d'agréable ni de désagréable. Je vais commencer par vous examiner… Voyons, détendez-vous, c'est douloureux ? Cela ne l'est pas ? Respirez. Bien, tout est en ordre, mademoiselle de Cárdenas. Nous sommes prêts.

– Non, Nin. Je suis Anaïs Nin Culmell.

– Désolé, mademoiselle Nin Culmell. Je suis le docteur de toutes les Cárdenas. Vous êtes prête, allons-y. Respirez profondément et dites-moi juste si cela vous fait mal à un moment, je parie que vous sortirez d'ici rayonnante. Voyons, détendez vos jambes, s'il vous plaît.

Mes jambes se retrouvèrent entièrement prisonnières de petits casques métalliques, au milieu du cabinet chirurgical improvisé dans une blanche maison du quartier du Vedado, toute proche de la mer, sur une petite colline ensoleillée, entourée de beaux jardins. Là se trouve le cabinet du Dr Arboledas. C'est un piège. Mes cuisses ont davantage tremblé que le jour où j'ai perdu cette maudite virginité qu'Antolina m'oblige aujourd'hui à recouvrer. J'en ai besoin pour le rituel de pureté, l'échange charnel-nuptial auquel je dois procéder la première nuit avec Hugo. Il n'y a pas de solution. Je sens un coton glacé imbiber mon sexe, je sens qu'il s'endort et ce n'est plus mon sexe, c'est comme une chair morte que manipule maintenant ce docteur blond, grassouillet, à l'accent espagnol. Il travaille avec mon corps, mais je ne le sens pas en moi, je vis tout cela comme si cela ne me concernait pas.

– Vous êtes pâle, mademoiselle Culmell. Vous voulez un peu d'eau, des sels, ou, mieux, vous préférez en finir une bonne fois pour toutes ? Ce n'est pas compliqué. Nous allons refermer cette boutonnière et ce ne sera plus que du passé.

Le docteur sourit en coupant avec d'étranges ciseaux le plus long de mes cheveux et en l'enfilant sur une aiguille trop grande pour mon goût. Il montre tout ce qu'il fait, il veut que j'en sois témoin.

– Aujourd'hui, il existe différentes raisons pour lesquelles des centaines de femmes ont besoin d'une reconstruction d'hymen, mademoiselle : sociales, culturelles, psychologiques et même, vous n'allez pas le croire, des raisons d'État. Oui, n'ouvrez pas de grands yeux, je vous jure que je ne mens pas, la vie de beaucoup de femmes en dépend.

Je sens un ou deux élancements dus aux aiguilles ou à la tension. Je sens tout me piquer sans faire de mal. Je ne comprends pas mon monde sensoriel. Mon sexe est passé d'un état à un autre sans avoir le temps d'en reconnaître les effets.

Une petite tape sur le visage, il me recouvre les cuisses d'un drap blanc, et nous en avons terminé. Comme on récupère vite ce qui a été si long à perdre. Maintenant ils trouveront un peu de sang et mon propre cheveu sur le drap immaculé. Juste ça.

Quelle folie ! Quelle absurdité ! Je déteste le scandale, c'est la raison pour laquelle je respecte cet engagement auprès d'Antolina. Je ne pense pas que ce soit très important pour Hugo. Je ne le connais pas dans l'intimité. Je referme les jambes et descends du lit.

– Mademoiselle, vous allez prendre ces remèdes, votre tante connaît le processus, vous devez vous reposer et… le plus important est que vous sachiez qu'après cette opération vous allez sentir une pression lors de la pénétration, comme si c'était votre première fois. Votre futur époux ne se doutera de rien.

Tout ira bien, hein, nous nous verrons au mariage… et ne faites pas cette tête, je ne suis pas un bourreau.

– Excusez-moi, mais vous pouvez m'expliquer comment vous avez procédé ?

– Comme vous êtes curieuse. Vous souhaitez faire des études d'infirmière ? C'est très simple, j'ai recousu par des coutures très délicates les fragments de l'hymen qui se trouvent dans la partie externe de votre vagin, maintenant que nous lui avons rendu son unité avec un de vos cheveux, tout est comme avant. Quelques points à peine et voilà. De la haute couture. Vous m'avez compris ? Vous pouvez rentrer à la maison, vous recoucher, et demain vous serez comme neuve. N'en parlez à personne, ce que vous possédez de plus précieux n'est pas l'hymen, mais la discrétion. Prenez soin de vous, vous êtes de constitution fragile, comme une enfant, j'ai été surpris… ah, et saluez vos cousines de ma part. À bientôt, mademoiselle Nin Culmell.

– Où avez-vous appris tout cela, docteur ?

– En Europe, mademoiselle Anaïs, mais je suis plus utile ici. Prenez bien soin de vous, marchez normalement, tout ira très bien, je vous l'assure.

RENCONTRE AVEC HUGO

Le 21, j'ai vingt ans, aujourd'hui 18 février Hugo arrive de Paris, le 3 mars nous nous marions. Trop de dates à la fois.

Je prends des notes sur le port. Le vapeur a une heure d'avance. Nous sommes un peu en retard, mes oncles, mes tantes et moi. Hugo attend au bureau pendant qu'on vérifie ses papiers pour l'entrée dans le pays.

Après la douane, j'ai demandé à toute la cour familiale de partir à la maison. J'ai exigé qu'on nous laisse seuls. Nous entrons dans un bar près du port. Alors je lui ai fait lire à haute voix toutes ses lettres. Ma fureur était très bien dissimulée. La sienne se transformait en larmes d'impuissance.

Comme les valises étaient en route pour la maison, j'ai dénoué sa cravate et l'ai conduit dans les endroits où Flor m'avait amenée.

Alors je lui ai demandé d'être patient avec moi. Je n'étais plus la même, j'étais une autre femme. Son allure de pendule, ce va-et-vient dans son mouvement de panique m'ont fabriqué un masque protecteur.

– Voilà où nous en sommes, Hugo. Apprenons à nous redécouvrir. J'espère que les nouvelles créatures que l'on croise aujourd'hui seront aussi attrayantes que celles d'avant. C'est à cela que j'aspire pour que le mariage conserve sa cohérence.

Hugo se tait, même s'il semble parler avec les yeux. Je poursuis la torture nécessaire :

Cher Hugo, ma lucidité m'a sauvée de ton absence. Je n'ai pas voulu me suicider quand tu m'as écrit cette lettre d'adieux. Mais en réalité, si une automobile m'avait renversée, cela m'aurait été égal. Grâce à mon intuition, ils n'ont pas pu avoir raison de moi. *Ma lucidité me procure des armes mortifères dont je ne me sers jamais… Tout le monde comprend la faim, la douleur physique, la maladie, la pauvreté, l'esclavage. En revanche, personne ne comprend que ce moment où l'on traversait la rue anéantit davantage qu'une catastrophe réelle. L'angoisse est une femme qui crie sans voix, une femme sortie d'un cauchemar.*

Hugo m'embrasse. Il me parle du cirque. J'ignore duquel il s'agit. Il me parle de la trapéziste que je suis, du clown, de la femme à barbe, du costaud, des milliers de colombes et du magicien lui-même qui retient son attention.

– C'est la raison pour laquelle je reviens vers toi, Anaïs. Aucune autre femme ne peut entretenir le drame et la comédie comme tu le fais à chaque seconde avec la même intensité.

Son baiser a été profond et délicat. Nous avons marché vers la côte, la mer dérobe la ville et Hugo me dérobe à elle. C'est aussi parce que je le laisse faire. À ce stade, il constitue mon salut. Julián m'a donné une leçon : Hugo, c'est pour toujours. Il n'y a pas de passion, elle a cessé et je glisse sur lui, comme si je patinais sur une trace. Je dérape sans tomber sur sa poitrine. Un plan parfait pour l'équilibre sur la glace.

Ce soir, j'ai appris quelque chose en regardant la mer avec Hugo. En promenant le regard sur la traîtresse mer des Caraïbes, dont on pense que c'est une mer noble, et dont nous savons en réalité qu'elle feint le calme ; j'ai su en les regardant tous les deux, la mer et les yeux tristes de mon fiancé, que, *après chaque rencontre insupportable de vérité, de douleur, les yeux reviennent aux miroirs de la caméra intérieure, à la transformation produite par la compréhension et le reflet, de sorte qu'ils peuvent ensuite émerger et revenir affronter la vérité nue.*

Hugo a certainement perdu quelque chose de très éloigné de la virginité, moi nue, étroitement collée à ce karma infantile qui me poursuit, je retourne à la mienne, qui me poursuit comme un sort.

Ici, à l'endroit idéal pour oublier ma honte, j'ai été libérée et capturée à nouveau, les deux mouvements m'ont paralysée ; j'ai abandonné cette fastidieuse bande de pureté qui nous conduit à la pitié et l'ai récupérée par un acte humiliant.

Mais lors de ces retrouvailles nous avons quitté pour toujours les enfants que nous fûmes. Début et séparation entre Hugo et moi. Il va être fascinant de se découvrir. Un adorable étranger vient d'arriver dans ma vie.

Tout est triste. L'automobile familiale parvient à nous retrouver. On nous emmène comme otages à la Finca et je sais, je le pressens, nous n'aurons pas d'intimité jusqu'à notre lune de miel. Cela n'a pas d'importance. Tout a été dit.

Nous entrons dans la maison. Hugo est impressionné par le luxe, par cette fabuleuse ampleur impensable dans les grandes villes du monde.

Mes tantes ont commencé à chanter en chœur la chanson qu'elles entonnent aux mariages. J'aurais voulu mourir de honte, mais comme elle était en espagnol, j'ai pu me mettre à rire sans plus d'appréhension.

Je te donnerai une aiguille ancienne
pour que tu voies où commence mon amour
si tu m'épouses,
si tu m'épouses.

La table était servie, moi aussi je me suis sentie offerte.

LA NOCE ET SES PRÉPARATIFS

Nous sommes allés voir Guillermina. La partie récente de la vieille Havane est envahie par les Chinois, elle fourmille de couturières travailleuses. Mina connaît les goûts de toutes les mariées de la ville ; pendant ce temps, son époux, un tailleur métis et hautain, fait des retouches au costume que Hugo veut porter à la cérémonie. Il flotte dedans, il est rentré si maigre de son voyage. Guillermina a insisté sur plusieurs robes et accessoires. Je me rappelle sa bouche pleine d'aiguilles et mon corps nu derrières les paravents chinois.

La robe que j'ai choisie semble être une tenue propre aux femmes qui se marient en secondes noces ; en effet, la traîne est très courte, la coupe droite et *Art déco**. Tia Edelmira n'est pas contente, c'est le seul cadeau qu'elle va me faire et je ne possède pas l'art féminin de le choisir.

Hugo plaisante sur mon ombre menue derrière le paravent. Il fait une remarque sur mes contours délicats. Je réplique que les flèches sont ductiles et fermes, elles entrent et se fichent dans les cibles, se laissent traverser par l'air, et leur réussite provient de cette simplicité.

Hugo est accablé. Je sais que je suis étourdissante, c'est mon talon d'Achille.

Edelmira part très inquiète en voiture.

– Comment va-t-on l'annoncer à Antolina, Anaïs ? Elle s'attend à nous voir arriver avec une robe de rêve, et non…

– On ne le lui dira pas, on attendra.

Vouloir toujours s'approcher plus près du conte de fées provoque bien des remous dans les lois humaines.

Hugo me parle à l'oreille. Il me rappelle qu'un jour je lui ai demandé de nous marier en noir au mépris de toutes les règles. Il veut m'être agréable, m'accorder des plaisirs et des extravagances. Nous parvenons à un accord : je choisis une robe pour calmer ma tante, mais à la fin nous nous habillerons tous les deux en noir. Et si nous nous échappons, trouverons-nous une robe noire appropriée pour la cérémonie ?

CONFÉRENCE ET NÉGOCIATION NOCTURNE

Hugo demande à la Générale de ne procéder qu'à un mariage civil. (Je lis de l'angoisse sur le visage de ma tante.) Nous parvenons à un accord. La noce aura lieu dans la petite chapelle familiale. Elle ne sera pas enregistrée pour ne pas envenimer les relations avec les parents de Hugo, qui sont protestants. Plus tard nous pourrons nous unir par un mariage civil.

Antolina réfléchit, se lève, demande un verre d'eau à Dorado qui arrive tout de suite. La grande dame ouvre sa boîte à pilules en argent ; elle boit rapidement, avale une pilule rouge. Elle nous regarde, sourit. Elle accepte.

– Ce sera un secret. Personne ne doit partager une telle « folie ».

Antolina nous demande de célébrer la noce à l'étude du notaire en charge des affaires familiales.

Au retour, la réception aura été préparée dans le patio, accompagnée d'un déjeuner pour les intimes.

Je prie Antolina d'autoriser la danse de la tumba francesa ce soir. Tia s'étrangle avec la pilule et nous devons venir à son secours en toute hâte. Elle ne souhaite pas que Hugo apprenne ses penchants exotiques.

Je me mets à rire et Hugo m'embrasse devant elle sans retenue. Il se passe quelque chose, mais il ne se soucie pas de ce que cela peut être.

LA NOCE

12 rue San Francisco

Dès 6 heures du matin j'entends tous mes cousins prendre le café au lait dans la salle à manger. Je distingue le son des cloches et je rouvre les yeux. Mon oncle et ma tante courent, organisent. Les domestiques déplacent des meubles pendant mon sommeil.

Hugo tousse dans la chambre d'en face.

J'ai envie de tout reporter à un autre jour. Je reste immobile au lit. Comme si deux énormes courroies m'entravaient bras et jambes.

La ville s'éveille au loin et je plonge dans ma paresse.

Mes cousines entrent dans ma chambre, ouvrent la moustiquaire de tulle et s'efforcent de me tirer du lit.

Peu à peu, sans vouloir ouvrir les yeux, j'entre dans la baignoire pendant qu'elles font couler l'eau sur mon corps. Je m'étonne de la quantité de sels que laisse tomber Antolinita sur cette eau transparente. Le jasmin s'accumule dans le fond. L'odeur des eaux de Cologne, les rubans qui retiennent les serviettes. Un parc de sensations pourvu de si nombreux recoins. J'ai épuisé Cuba. Je l'ai bue tout entière et maintenant l'eau sort de moi comme pour descendre au fond de la baignoire. Je laisse mon odeur et des reliquats de mon corps. Mon pubis, mon sang et ma vérité.

J'ai été égoïste, désobéissante. Je n'ai accepté de cette île que ce que j'ai voulu en sentir. Je lui ai imposé des limites. Je n'ai pas résisté à ses tentations, mais je peux dire qu'elles ne m'ont pas écrasée.

Je me redresse et mes cousines m'essuient lentement toutes les deux avec leur tendresse enfantine, différents arômes s'échappent de mes pores avec une sueur divine, fraîche.

Avec le vaporisateur, je tonifie mes hanches, ma nuque et mon ventre.

– Tu te parfumes comme si tu avais de la fièvre, remarque Baby de Cárdenas, tellement étonnée.

– Il s'agit d'autres fièvres, chère cousine.

Je les fais rire. Nous reprenons les jeux d'eau, peut-être pour la dernière fois de notre vie.

Je mets la robe noire convenue avec Hugo. Mes cousines reculent avec celle qui avait été choisie pour moi. Ont-elles vu le diable ? On dirait. Je souris.

Elles explosent en ricanements, je les étonnerai toujours. Je suis la cousine folle, la petite Française, l'exotique fille de personne.

Je m'habille seule. Elles pensent au mot *deuil*. Ce mot qui m'a accueillie en espagnol quand j'ai passé la douane.

Je finis de me préparer. Mes cheveux sont mouillés, lâches. Tia Anaïs vient me coiffer. Ils le cachent tous, mais je le sais, la robe noire les affecte. Ils ne veulent pas penser à ce terrible détail, mais Antolina l'a accepté.

La coiffure est simple, collée au front, soutenue par la Gomina au parfum de violette, avec de douces vagues qui retombent sur les sourcils, la délicatesse atteint son plus haut sommet quand Tia envoie une bruine tonifiante d'eau de jasmin sur mes yeux ensorcelants.

– Maintenant regarde-toi, petite.

Me voilà, mais je ne peux dissimuler le front large de mon père. Le miroir me retient un instant. Je ralentis mes gestes, mais il est l'heure. Rien ne m'en empêche, j'essaie d'avancer mais je suis paralysée, c'est la visitation de Père.

Quelqu'un parvient à me tirer de ma stupeur. Antolinita me met mes chaussures. Deux pas et le retour est impossible.

Nous descendons à la chapelle familiale. Je vois Hugo dans l'escalier sculpté. Nous nous embrassons, nerveux. Ses yeux scintillent, les miens consentent.

Nous entrons dans le joli petit temple, nous trébuchons, pressés et timides. Pauvres mariés sans parents, il y a tellement d'étrangers sympathiques.

Je prie devant le curé habituel, Hugo se contente de faire semblant. Le père n'ignore pas qu'il s'agit d'une cérémonie fondée sur les sous-entendus.

Hugo me demande à voix basse si je suis nerveuse.

– Je le suis beaucoup plus quand je pose.

Très doucement, pendant que nous écoutons le sermon, il me dit qu'il a vu toutes les ébauches de mon corps esquissées par les peintres cubains.

Nous sourions. Il a fureté dans ma chambre. Je dois faire attention à mes journaux. Flor a raison.

Je regarde autour de moi. La famille s'impatiente.

Flor et le Petit Marquis ne sont pas arrivés.

La cérémonie catholique s'est tenue en latin. Le baiser devant l'assistance et nous montons devant la voiture familiale qui va nous emmener rapidement au 12 rue San Francisco, où aura lieu la véritable noce.

Le 12 rue San Francisco est un cabinet situé à l'intérieur d'une belle maison de famille.

Un lieu très créole et différent de notre maison. Hugo est radieux. Il adore rencontrer des gens, aller chez eux, voir comment ils vivent.

Nous sommes debout devant le secrétaire. Les barreaux en fer forgé donnent sur un portail saillant, et dessous se presse San Francisco avec sa fumée et son odeur de quisqualier. La lumière de Cuba est son plus grand patrimoine, cette lumière vit dans les tableaux, dans la pluie, dans le sol et couronne l'existence comme un halo.

Le Marquis apparaît, traversant le halo cendré, il arrive dans son automobile, impeccable, desséché dans sa pâleur, tremblant un peu plus que d'habitude.

Je lui présente Hugo et ils sont ravis tous les deux. Pendant que nous attendons ils conversent dans un anglais parfait.

Le notaire nous fait asseoir et lit un long texte.

Le pont qui va du célibat au mariage se compose d'un énorme groupe de mots ordonnés en parfaite cadence. Je n'écoute pas. Je réfléchis.

Le Marquis tente de traduire pour Hugo, mais celui-ci parle parfaitement espagnol depuis l'enfance où il vivait à Puerto Rico avec ses parents.

La cérémonie s'achève, et c'est comme s'il ne s'était rien passé. Mon oncle et ma tante m'embrassent. Maintenant je me rends compte que Mère n'est pas venue. Personne n'a remarqué qu'elle ne voulait pas qu'on lui paie son billet sur le vapeur, peut-être que cela lui fait mal de montrer sa pauvreté, son humilité. Cela m'ennuie de ne pas avoir écouté ce qu'on a dit à la cérémonie. Je pensais à moi. Je pense toujours à moi. Rien qu'à moi. Je me déteste.

Une angoisse me parcourt le corps.

Une joie infinie parcourt celui de Hugo.

Retour à la Finca, et à la Finca, Flor.

Elle m'embrasse sur la joue. Elle tient un énorme vase en cristal de Bohème qui porte ses initiales. C'est un cadeau de son père, elle veut me le donner. Je suis un lis, son lis. Elle souhaite que je flotte dans l'eau de son vase.

Quand je lui présente Hugo, elle le regarde avec curiosité ; après une pause, ils réagissent et s'embrassent.

Ils ont à nouveau préparé la danse de la tumba francesa pour nous. Le cercle se referme et la vie revient au même point. La percussion encourage les invités. Je tente de danser avec mon cousin Felo, qui ne souhaite pas bouger.

Flor et Hugo entrent dans la ronde. Ils dansent ensemble, très serrés. Je n'aurais jamais pu imaginer cette combinaison d'éléments distants : Hugo et Flor.

Je conserve le fragile cadeau de cristal en observant la fascination d'Hugo pour les Noirs qui dansent, en délire.

Le déjeuner repose dans les marmites. Tout le monde oublie mon mariage. J'entre dans la maison avec le Petit Marquis pour y déposer le vase, et son cadeau est un immense tableau de René. Une marine qui représente la baie de La Havane.

Il ne va plus à Paris. Le peintre lui a menti. Il ne répond même pas à ses lettres. Le Petit Marquis est décomposé comme les fleurs dans la baignoire après le bain. On l'a utilisé, il touche le fond. C'est sans espoir.

Le déjeuner s'écoule lentement. Personne ne parle. Personne ne dissimule son étonnement devant une noce à cette heure et dans cette tenue. Une fête aussi rare que le couple que nous formons sous le soleil de Cuba.

Antolina me demande de rentrer à la maison. Nous traversons le jardin.

Tia me tend une lettre de Mère.

> Chère Anaïs,
>
> Tu es une femme maintenant et tu dois comprendre la différence entre vouloir et pouvoir.
>
> Je ne peux pas faire ce voyage, même si je le voulais. Ici, tout va mal. Les finances baissent, la vie augmente, et ma santé ne supporterait pas un déplacement.
>
> Je ne veux pas occasionner des frais à Antolina. Je sais que tu seras bien. Nous l'avons été malgré tout, ma *petite**.
>
> Dans ta vie, tout possède une logique, un lieu et une raison. Il est peut-être bon d'acquérir le courage qui te manquait, indépendante de tes frères et de moi.
>
> Ne doute pas que nous serons dans le jardin, au temple et au mariage civil. Avec toute la famille. En te voyant grandir comme toi seule as su le faire depuis le jour où tu es née.

Ton indépendance m'a coûté très cher, mais c'est sans doute une chose qui nous maintient en vie.

Tout le bonheur du monde pour l'un et l'autre.

Je t'aime, Linotte,

MAMAN

Je referme la lettre. Les noces sont la fragmentation des marées intérieures. J'ai abandonné une partie de ma vie. Je ne parviens pas à gagner la prochaine, je suis dans un état de vide. Je lévite et je n'ai pas le poids adéquat pour poser les pieds sur l'herbe. Je m'assieds pour manger avec Hugo. Ce ne sera plus autrement, mais mon angoisse n'a pas de limites.

LUNE DE MIEL

Nous sommes arrivés au petit hôtel sur la plage où l'on nous attendait. Il s'appelle Hollywood.

Les jours passés ici ne seront pas heureux. La mer grise qui m'entoure me l'annonce. Elle menace et écrase. Elle poursuit et rappelle.

On m'explique que Mme Paulina L. loge dans la chambre qui donne sur la plage et qu'elle a déposé des fleurs pour nous. Je me demande si elles viennent d'elle ou de Julián. J'essaie d'oublier l'incident.

Personne n'imagine tout ce que veut donner une femme à l'homme qui l'attend. Le miroir de sa vie passe devant le corps de cet homme. Le manque d'assurance de cette femme atteint le plus haut point de sa splendeur quand la porte de la salle de bain est close pour qu'elle se prépare.

Tous nous abandonnent. Voilà comment nous sommes, les filles. Personne ne nous prépare à devenir femmes. J'oublie donc Julián, je garde mon peignoir en satin au bord du lit. Je respire l'odeur de coquillages qui provient de la mer ; j'attends que Hugo revienne du balcon. Mon père arrive par évaporations. C'est la couleur et l'odeur de Cuba. Je ferme les yeux et je sens Hugo me serrer faiblement les mains.

Il récite un poème dans un anglais que je ne lui ai jamais entendu prononcer, si lent, si éloigné de son monde précis et rythmé.

Hugo frotte son corps sur le mien. Le peignoir s'ouvre et découvre le corps menu de son épouse. Hugo reste muet devant mes seins, mes cuisses, mes épaules. Il observe mon corps, mais se contente de se frotter contre moi.

Il ne parvient pas à aborder cette femme ou ne sait pas.

Je respire en rythme. Je flaire ses zones délicates et profondes.

Hugo prend peur, mes manières l'effraient. Je ne peux dissimuler mon expérience récente, la première, celle qui me marque et me poursuit.

Il s'enroule dans ses draps. Il bat en retraite. Il s'excuse, s'endort en pleurant.

C'est l'aube. Je rêve que Père et Julián parlent au-dehors, sur le balcon. Je rêve qu'un énorme cyclone va parcourir l'Île. Hugo me réveille. Il se frotte avec fureur et en quelques secondes son jaillissement arrive comme de l'écume stérile. Il délire par instants. Il prononce mon nom et revient mourir entre les draps.

Je sors sur le balcon. Je n'ai pas l'odeur d'Hugo. Hugo n'a pas la mienne. On se croirait dans la journée et c'est pourtant l'aube.

Rien ne se passera avec cet homme. Ma vie vient de s'arrêter.

Notes

Nous marchons sur la plage le matin. Nous prenons nos repas dans la chambre. Hugo m'observe comme un petit animal, puis il devient distant. Il me regarde comme si quelque chose en moi n'était pas possible. Je suis une poupée de verre, je suis cette jeune momie qui vient toujours à moi en rêve, comme mon visage, avec mes yeux fermés, c'est ainsi que je me sens, exposée.

Nous sommes déçus. Chacun pense que l'autre ne l'aime pas.

Tout est lent. La vie est au-dehors, mais elle ne nous accompagne pas.

Hugo pense que je suis comme le vase de Flor ou comme le lis lui-même près de se briser. Je peux être beaucoup plus, et me défaire en mille diables, mille femmes. Comment expliquer cela à mon Hugo sans l'empoisonner.

J'écris dans le Journal. Il pose, marche, mais tout tombe. Moi, je pose pour me voir belle malgré la tristesse, malgré la pente.

Hugo ne peut me satisfaire. Julián m'a marquée. Son sexe énorme et son intelligence illimitée m'ont vaincue. Hugo voit dans mon corps quelque chose qui le fait reculer.

Je descends me baigner seule. La plage est déserte. La tristesse m'étouffe. Je ne peux pas pleurer.

Paulina frappe à la porte de notre chambre. En lui ouvrant, Hugo me donne un cours magistral sur ce que nous serons dorénavant. Il témoigne du bonheur et de la satisfaction vis-à-vis de toute chose

Paulina me traverse du regard et me dit que d'ici quelques jours elle donnera une conférence sur le féminisme à l'Académie des sciences. Nous sommes invités. Elle nous convie à un restaurant en bord de mer, à quelques mètres de l'hôtel. Hugo refuse, il préfère passer à la Finca pour y prendre des livres. Je sors avec Paulina, nous ne parlons pas. Nous marchons en silence, ensemble, sur des centaines de mètres, nous tenant par la main au bord de la plage. Tout au bout, près de petites tables cachées dans la pénombre, on aperçoit Julián. Mes bottes sont couvertes de sable. Je traîne ma blouse à cause du poids de l'eau.

Julián m'entraîne par la main et nous nous perdons parmi les rares arbres de la nuit.

Paulina fume, solitaire, appuyée sur une table face à la mer.

Julián me prend. Il me prend irrémédiablement. Il ne parle pas, ses yeux de jais allument ma chair, incendient la plage, les pins et la brume noire. Je souffre et je jouis. La douleur me marque comme un coin sec. La mer vient en bancs de sel. Tout semble emporter mon corps. Le vent et son désir balaient aussi comme un cyclone ces jours frustrants, jours inconsolables et absurdes. Julián me comble avec son sexe, je suis à mon désavantage, comme une enfant pour un géant, je le sens comme ça. Il me griffe, me plie en deux, et je me soumets avec toute la démence avec laquelle une femme peut répondre.

– Je sais que tu ne pourras donner à personne ce que tu me donnes, Anaïs, encore moins d'une façon aussi pure.

– Personne ne m'a jamais prise. Mes lunes sont à toi et s'écoulent pour toi.

Nous roulons nus, comme des poissons turbulents sur l'argent de minuit. Julián me prie, encore en moi, il me prie de ne pas cesser de le chercher, de le sentir, de le faire mien. Où que nous soyons, il en sera toujours ainsi. Le jour se lève, c'est *L'heure violette*. Julián a mon odeur, mon odeur voyage loin avec Julián. Mon monde repose entre ses mains comme un diamant égaré.

Je regagne ma chambre. Hugo dort. Je le réveille, il me voit couverte de sable et essaie de goûter ce sel de Cuba qui invite à la luxure. Hugo pleure. Qu'est-ce qui l'arrête ? Pas moi.

J'ouvre ma valise, je sors de mon nécessaire l'« ouvre-lettres » en argent qui voyage avec moi. Hugo, sans poser de questions, me donne son bras, je lui tends le mien. Une pointe d'argent fait jaillir le sang, d'abord de l'un puis de l'autre. Nos bras scellent le pacte.

Hugo rit et pleure. Nous avons commencé notre véritable mariage, notre union consanguine et éternelle.

Le lendemain, je lui demande de rentrer à La Finca. Pour qui feignons-nous ? La vie met de l'ordre dans les choses, nos corps apprendront bien à chevaucher ensemble. Pour l'instant, Cuba est Julián, et Hugo est venu me soigner de Cuba.

JOURNÉES À LA FINCA

Quelques notes. Je cache le Journal.

Je fais de longues promenades à cheval. Longues baignades. Les blessures cicatrisent toutes. Je lis et Hugo continue à se frotter contre mon pyjama de soie.

Je pense à New York. Julián est mon feu. Le monde, ma soif.

Où que je sois, il sera toujours là, il résidera dans tous les corps qui m'étreindront. Il a fait de moi la femme que je suis. Rien ne peut me manquer avec son péché en moi. J'ai été marquée pour toujours.

Je vais aller à la conférence de Paulina. Les jours passent lentement. Je lis, j'oublie.

J'essaie de ne pas regretter ma vie de célibataire.

ADIEU, CUBA

Le Marquis m'accompagne à la conférence de Paulina. Hugo ne partage pas les idées féministes, il viendra me chercher à la fin. Le Marquis m'escorte. Je devrais retrouver Julián. Mais il n'est pas encore arrivé.

Paulina parle doucement, elle se présente et personne ne peut imaginer quelle grande femme se cache sous ce portrait que font maintenant d'elle les journalistes. Paulina joue délicatement avec les limites, un groupe préfère se retirer. Son sujet est profond, et cette société a besoin de modernisation pour être comprise. Paulina continue à lire avec assurance les idées bien formulées qui l'ont amenée ici.

Julián n'arrive pas et je l'attends, nerveuse, absorbée.

Soudain, des jeunes du public montent sur leurs chaises et commencent à lire les mots avec beaucoup de nervosité et d'ardeur.

Le jeune lecteur est le poète qu'Antolina m'a désigné sur le Trottoir du Louvre lors de ma première visite des boutiques. Je le reconnais sans hésitation à cette beauté tremblante et irréelle.

Le Marquis nous demande de sortir, mais je choisis de rester. Marcos est très en colère, il descend et m'abandonne. Les jeunes ne cessent de crier. J'essaie de comprendre leurs revendications. Paulina a l'air tranquille. Elle connaît tous les secrets de cette île, elle est prête à cesser d'en être le centre. Elle porte le don de la dualité, sait nager entre deux eaux.

Les disputes commencent, les voix sont de moins en moins audibles et fortes.

Hugo essaie de me tirer de la confusion. Paulina a disparu.

Je dévale l'escalier. Hugo me met face à la place.

Il veut aller à New York. Il veut rentrer et me faire quitter La Havane. Je me sens loin. Je ne suis plus sa Linotte. Il me demande ce que j'attends de cette union. Je ne réponds pas.

Hugo crie pour la première fois depuis si longtemps, il se désespère et m'entraîne par la main. Il quitte la rue assiégée par la police.

– Que faisons-nous ici ? Je ne suis pas cubain. Je ne comprends rien à ce qui arrive, ce n'est pas ma cause. Que fais-tu à t'occuper de politique alors que tu n'y comprends rien ?

– Je ne veux pas quitter Cuba. C'est aussi mon sang.

– Que comptes-tu faire ? Tu es désormais une femme mariée. Tu penses continuer à me mentir jusqu'au bout ? Que veux-tu, Anaïs ? Rester ? Écrire ? Nager et monter à cheval ? Faire de la politique ? Poser nue ?

Nous arrivons à pied à l'agence de bateaux à vapeur, il n'y a pas de solution, tout s'écoule dans un tourbillon de violence. Hugo entre. Je me contente de regarder l'affiche tout en pleurant comme une malheureuse. Il n'y a plus de retour.

Agence de bateaux à vapeur
Lloyd North Alemán
28 rue Obispo
Téléphone : A - 3455

« Un groupe de jeunes cubains a réalisé hier un acte civique de protestation à l'Académie des sciences.

« Nous, signataires, nous sentons honorés et satisfaits d'avoir pu initier un mouvement qui manifeste une réaction contre ces gouvernants profanateurs, spoliateurs, immoraux, qui tendent par leurs actes à l'avilissement de la Patrie.

« Devant ce qui s'est produit hier à l'Académie des sciences, nous déclarons :

« Premièrement : Nous redemandons par ce biais pardon au Club féminin, répétant qu'il n'entrait pas dans nos intentions de perturber de quelque façon que ce soit ses activités, encore moins l'hommage qui était rendu à Paulina Luissi. Nous sommes par l'esprit du côté des femmes dignes et nous déplorons que la mesure prise par nous, fruit du civisme et de la réflexion, ait eu lieu lors d'un acte organisé par elles.

« Deuxièmement : Notre seul objectif est de manifester le désaccord de la jeunesse, que nous représentons, avec les procédés utilisés par certains hommes publics.

« Troisièmement : L'hommage rendu à Paulina Luissi étant le premier acte public auquel prenait part M. Erasmo Regüeiferos, personnalité accusée par l'opinion publique d'avoir ratifié le décret immoral et maladroit relatif à l'acquisition du couvent de Santa Clara, et c'est seulement contre lui, ou contre ses agissements, que doivent s'entendre notre attitude et notre départ de la salle.

« Quatrièmement : La jeunesse pourvue d'une conscience, sans esprit de perturbation ni autre programme que celui qu'elle estime être l'accomplissement d'un devoir, est disposée à adopter dorénavant une attitude de protestation identique dans tout acte auquel prendra part directement ou indirectement une personnalité que l'on peut taxer de manque de patriotisme ou de dignité citoyenne.

« Cinquièmement : Nous sollicitons par ce moyen l'appui et l'adhésion de toute personne qui, se sentant indignée contre ceux qui maltraitent la République, réfléchira avec nous et estimera venue l'heure de réagir vigoureusement et de punir les gouvernants délictueux.

« La Havane, 19 mars 1923.

« Rubén Martínez Villena, José Antonio Fernández de Castro, Calixto Masó, Félix Lizaso, Alberto Lamar Schweyer, Francisco Ichaso, Luis Gómez Wangüemert, Juan Marinello Vidaurreta, José Z. Tallet, José Manuel Acosta, Primitivo Cordero Leyva, Jorge Mañach et J. L. García Pedrosa. »

(Publié dans le *Heraldo de Cuba*. La Havane, 19 mars 1923.)

Le mercure de l'après-midi détache la ville du bateau. Je m'accroche à la proue en essayant d'éliminer cette distance intérieure. Mon âme se sépare de Cuba comme un papillon abandonne son cocon de soie pour toujours. Cette nudité effraie. Mon corps m'a abandonnée. Poser nue a pu me donner la paix, mais la solitude que j'éprouve devant Hugo est infinie.

Personne ne dessine, personne ne me suit de son œil précis, je suis jugée par l'époux, et l'époux est un témoin, un surveillant, je veux me rhabiller. Je laisse derrière moi les chambres de ma virginité perdue à plusieurs reprises. Virginité réelle ou artificielle, double douleur dévalisée.

J'emporte tout, je m'enfuis, kleptomane et luxurieuse, à la fin de mon séjour cubain. Père va dans mon corps comme le premier homme possible. Je ne le laisse pas derrière moi, il va dans l'hypnose que provoque mon regard strabique. La famille agite son mouchoir.

Je les libère de ma personne. Enfin la responsabilité de mes dérangements et de mes ensorcellements n'appartient qu'à moi. Je suis ma propre raison, même si je l'égare aujourd'hui entre le salpêtre et le rituel interminable de la perte.

Adieu, Cuba. Adieu, Père. Adieu, moi.

Itinéraire cubain d'Anaïs

ITINÉRAIRE D'ANAÏS NIN À CUBA

Cuba, Père et le Journal sont un seul et même piège, l'essence du premier journal non expurgé de la petite Anaïs.

C'est la raison pour laquelle je me suis lancée dans les rues de La Havane, je souhaitais vérifier ce que, pendant des décennies, chercheurs, artistes, curieux et fans de l'auteur ont tenté de découvrir.

NÉCRÓPOLE CRISTÓBAL COLÓN

Je m'y suis rendue, méfiante. L'historienne de la Nécropole m'a reçue très aimablement, comme si elle m'avait attendue toute sa vie. Dans la matinée, nous avons trouvé la tombe du père d'Anaïs, non par le biais du patronyme, Nin, mais grâce à son deuxième nom, celui de la famille Castellanos. C'est ainsi que j'ai retrouvé l'acte de décès au Registre civil central, le premier des documents, noms, adresses et personnes qui allaient jouer un rôle fondamental dans cette recherche.

J'ai menti plus d'une fois. Je disais être sur les traces de mon arrière-grand-mère maternelle. Parmi tous les bureaux où je me suis rendue, je me souviens de celui d'une dame qui, tout en passant sur sa langue un timbre de dix pesos, m'a dit que j'étais « toute pareille » à l'auteur. La dame n'avait pas lu ses journaux, elle n'avait vu aucune photo qui lui aurait dévoilé les beaux yeux d'Anaïs. Mais les Cubains sont comme ça. Ce qu'ils ne savent pas, ils l'inventent ; ils s'impliquent, ils vous aident puis ils en parlent à qui veut les écouter. De sorte qu'il ne faut pas s'étonner qu'en quelques jours, dans le petit monde des greffiers et des notaires de La Havane, la nouvelle ait circulé et que je sois passée pour l'arrière-petite-fille d'Anaïs Nin. Certes, celle-ci n'avait pas laissé de descendance, ayant perdu l'enfant qu'elle attendait d'Henry Miller. Elle n'avait que des neveux, du côté de Thorvald, son frère, dont elle n'était pas très proche, comme je l'appris au fil d'entretiens avec ses amis intimes.

ARCHIVES NATIONALES

Je me suis rendue aux Archives nationales de Cuba où j'ai très facilement trouvé les documents que je cherchais, parmi lesquels l'attestation de l'attribution de l'ordre d'Isabelle la Catholique par les rois d'Espagne à Joaquín Nin Castellanos (son père) en 1928 et les adresses des maisons où la famille avait vécu.

Les certificats religieux ont émergé des sacristies. Ils m'expliquaient quand et comment ses cousins, cousines, parents et grands-parents s'étaient mariés. J'ai même retrouvé le registre où est consigné le mariage d'Anaïs et Hugo dans la localité havanaise de Arroyo Naranjo.

Le seul Nin figurant encore dans l'annuaire téléphonique de la ville n'a jamais répondu à mes appels. Parmi les Castellanos installés actuellement à La Havane, aucun n'a entendu parler d'un ancêtre pianiste ou compositeur appelé Joaquín. Les Culmell ne sont même pas enregistrés, il est presque établi que ses descendants indirects sont morts ou ont quitté le pays.

J'ai trouvé sur internet la page web de Valerie Harms, une amie collectionneuse d'Anaïs Nin. Mme Harms se présente elle-même comme consultante spirituelle ou psychique. Elle s'est tout de suite impliquée dans mes recherches, me procurant des adresses et des numéros de téléphone à appeler aux États-Unis.

Au cours du processus de découverte, une Anaïs différente se révélait à moi à chaque instant. Les témoins de sa vie et ses propres journaux se contredisaient dans un jeu merveilleux qui, à chaque pas, offrait et dérobait la vérité.

J'ai parcouru les maisons que l'architecte Rafael de Cárdenas fils, l'un de ses cousins préférés, a conçues pour la famille.

Je me suis lancée à la découverte des commerces, aujourd'hui fermés, qu'elle fréquentait, des anciennes rues par lesquelles elle était passée, avec sa tante Antolina, dans une Ford T de 1922, pour rentrer à la Finca La Generala.

Je l'ai cherchée à travers La Havane, dans des lieux qui n'existent plus. Je restaurais des documents abîmés par l'humidité, le temps et la diaspora. Je suis tombée sur l'image révélatrice d'une Anaïs jeune, douce et délirante. Elle était marquée par un de ces mélanges impossibles dont nous les Cubains sommes si fiers, dans son cas, petite-fille de Danois, Français, et Catalans, fille de Cubains, et aussi américaine que citoyenne du monde.

Tout ce que j'ai découvert ne relevait pas d'un itinéraire précis, mais des passages de son si bref journal cubain.

Cuba est le lieu où elle a le moins écrit. J'ignore si les heures d'indécision ou de douleur l'ont plongée dans ce mutisme pendant des mois. Elle n'a laissé que des ébauches dans ses pages, comme des données personnelles et poétiques qui permettraient de la retrouver progressivement. Des indices succincts pour sauver une vie grâce à la muséographie.

VISITE AUX ÉTATS-UNIS

La dramaturgie du hasard m'a guidée jusqu'à une maison d'Eric Lloyd Wright construite dans les années cinquante, son dernier lieu d'habitation à Los Angeles. Âgé de quatre-vingt-quatorze ans, rasé de frais, son veuf, Rupert Pole, m'attendait. Il m'a serré les mains, et, même s'il fabulait un peu, il est parvenu à sauver de l'oubli une partie de la mosaïque qu'Anaïs lui avait confiée sur sa vie à Cuba.

Je l'écoutais et ma vue errait sur les eaux aux reflets glauques de la pièce d'eau dans le patio, sur les nus qu'Henry Miller avait faits d'elle et qui entouraient le lit dans la chambre de Pole. C'est alors que j'ai compris, nous n'étions pas encore prêts à la percevoir. Nous vivons dans la préhistoire d'Anaïs.

UCLA m'a ouvert les portes de ses Special Collections, département auquel Anaïs a donné ses cahiers originaux. Dans ces journaux non expurgés,

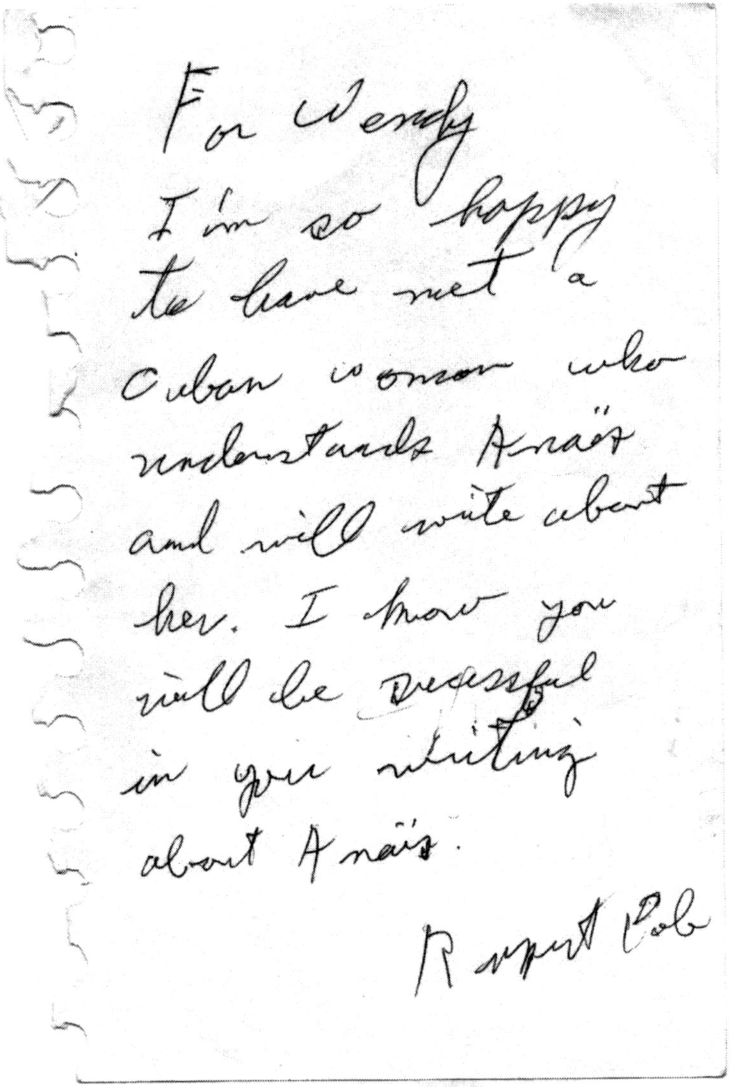
For Wendy

I'm so happy
to have met a
Cuban woman who
understands Anaïs
and will write about
her. I know you
will be successful
in your writing
about Anaïs.

Rupert Pole

j'ai trouvé de nombreuses vérités que je reprends aujourd'hui dans le Journal apocryphe (La Havane 1922-1923).

Lettre d'encouragements dans mes recherches de l'éditeur Gunther Stuhlmann

Gunther Stuhlmann
Représentant de l'auteur
14/05/01

Chère Ms. Torres:

Merci pour votre lettre du 10 mai où vous témoignez de l'intérêt de vos amis cubains pour la famille d'Anaïs.

Vous savez certainement que dans le deuxième et le troisième volume, publiés sous le titre *Journaux de jeunesse*, Anaïs Nin a très peu écrit sur ses liens avec Cuba. Elle a écrit spécifiquement sur sa visite à Cuba à l'automne 1922, et, naturellement, elle a épousé l'Américain à Cuba.

Nous n'avons pas l'adresse du professeur Joaquín Nin Culmell en Espagne, mais je crois que les courriers lui parviendront à son adresse californienne.

En raison de son travail et de la musique de son père, ce serait le meilleur contact. Comme j'ai travaillé avec Anaïs Nin à partir de 1954, et que j'ai édité onze de ses livres publiés, j'ai parfaitement conscience que l'information / la documentation sur son côté cubain est réduite. Tous les ans, depuis 1983, j'édite une revue entièrement consacrée à son travail, et à sa vie, (*Anaïs : An International Journal*) et j'ai essayé de trouver des informations sur ce sujet (la vie à Cuba), mais je n'ai pas eu de chance. Le professeur Nin Culmell est en Espagne où il travaille sur un opéra qui sera donné à Madrid, et je ne l'ai pas vu récemment.

En espérant que cela vous aide.

GUNTHER STUHLMANN

(Quelques jours avant mon voyage aux États-Unis, Gunther Stuhlmann est décédé sans que j'aie pu faire sa connaissance.)

Conversation avec Gayle Nin

Thorvald Nin Culmell, frère d'Anaïs, décédé, fut le seul à avoir une descendance. Anna Gayle Nin, sa fille aînée, est l'une des héritières naturelles de l'œuvre de l'auteur. C'est une avocate à la retraite, très férue de littérature. J'ai retrouvé sa trace et elle m'a reçue dans sa maison de San Francisco, Californie.

Parmi les autres descendants, enfants et petits-enfants venant aussi du côté de Thorvald, aucun n'a connu l'auteur comme Gayle.

La nièce d'Anaïs n'était pas d'accord avec nombre de ses positions ; elle la désapprouvait pour avoir parlé de sujets scabreux et rendu publique l'intimité de sa famille. Mais elle comprenait l'intérêt que son œuvre suscite et la valeur de l'auteur en tant que chroniqueuse de son temps.

Gayle Nin se rappelle encore les stations balnéaires de La Havane, les commerces, les rues, le cimetière Colón, la lumière de Cuba, ses paysages, le rire franc et prolongé des Cubaines. Les liens manifestes de la famille avec l'Île ont constitué mon salut.

Joaquín Nin Culmell

Il fut professeur émérite à l'université de Berkeley, Californie. Élève du grand musicien espagnol Manuel de Falla. Parmi ses œuvres les plus connues figurent : *Danses cubaines*, hommage à Ignacio Cervantes, *Six chansons populaires sépharades, Quatre Chansons populaires de Catalogne, Quatre chansons populaires de Salamanque, Cinq chansons populaires traditionnelles espagnoles, Évocations cubaines* (pièces lyriques pour le théâtre), un opéra adapté de *La Célestine* et un autre intitulé *Le Rêve de Cyrano*.

Joaquín se sentait tellement cubain que, lors de la guerre civile en Espagne, il s'était enrôlé dans le même peloton que Wifredo Lam et Julio Girona.

Fidèle disciple des compositeurs populaires de l'Île, il possédait un accent insulaire manifeste ; ses danses et compositions l'intègrent inévitablement à l'idiosyncrasie musicale cubaine.

« Anaïs ressemblait beaucoup aux Cubaines, c'était une femme sans limites, sans peur », m'a dit son frère. Leur cousin cubain préféré était Eduardo Sánchez Culmell. Sans lui, Cuba n'aurait pas été aussi présente dans la correspondance et dans les journaux de l'auteur.

« Chez moi, le téléphone sonne souvent pour me parler de ma sœur, rarement de moi » m'a-t-il confié en souriant et avec esprit. La conversation en espagnol a duré toute la matinée.

Il meurt à Oakland, Californie, à quatre-vingt-quinze ans, le 14 janvier 2004. Dans le calme et la tranquillité, entouré de ses livres et de l'énorme piano à queue ; il est parti en fredonnant des souvenirs.

De retour à Cuba, en possession de cette mine de littérature et de vie, en relisant les interviews de sa famille, je me demande si Anaïs fut bigame, incestueuse, mythomane, adultère, créative, talentueuse, nymphomane, bisexuelle, insoumise, énigmatique, charmante.

Non, absolument pas. Anaïs fut Anaïs. Elle créa une méthode, une attitude qui changeait à chaque strate. Personne ne sait vraiment qui elle fut. Sa famille elle-même l'adore ou la déteste. Il y a une face de la lune qu'ils préfèrent, une autre qu'ils nient et remettent en question. Mais elle nous a prêté sa vie pour connaître son époque. Ses journaux constituent une longue performance.

L'ASCENDANCE CUBAINE

Le grand-père paternel d'Anaïs s'appelait Joaquín Nin y Tudó. Originaire de Barcelone, officier de cavalerie, il épousa à La Havane Ángela Castellanos y Perdomo, originaire de Camagüey, fille d'Esteban Miguel Castellanos y Arteaga et de Concepción Perdomo y Varona. Ils donnèrent naissance à José Joaquín Nin Castellanos, pianiste concertiste, né le 29 septembre 1879 à La Havane, mais il fut élevé à Barcelone où on l'inscrivit pour des raisons de convenances migratoires. En 1907, José Joaquín décide de devenir cubain non seulement parce qu'il est né sur l'Île, mais parce qu'il cherche à paraître plus exotique grâce à l'étonnante nationalité cubaine pour donner des concerts dans le monde entier.

La grand-mère d'Anaïs Nin, Anaïs Culmell, fut surprise dans sa propre maison de la rue San Lázaro, avec un jeune homme qui fréquentait la famille et qui se trouvait là à une heure et dans un endroit incongrus. Anaïs et Thorvald Culmell, l'époux et le grand-père d'Anaïs, parvinrent à un étrange accord. Malgré ce que cela pouvait signifier à l'époque, la femme mûre, mère de neuf enfants dont cinq jeunes filles en âge de se marier, les abandonna et partit vivre à sa guise, seule, dans la zone qui appartient aujourd'hui à la Vieille Havane. Nombre de ces endroits ne possédaient alors pas le luxe de l'hôtel particulier des Culmell, mais c'était le prix à payer pour ses agissements et sa liberté.

Le vieux Thorvald se trouvait à l'époque dans un grand embarras, il devait se débrouiller avec sa modeste fortune afin de détourner les yeux de la société du scandale. Bien qu'ils soient stigmatisés et doivent endurer de multiples vexations en raison de la rigidité de Cuba au XXe siècle, il voulait que tous ses enfants fassent de beaux mariages. Le grand-père d'Anaïs était un bohême avec les pieds sur terre ; sa rébellion le poussa à explorer de lui-même la voie utopique tracée par le naturaliste allemand Alexandre de Humboldt. Thorvald avait sondé l'Amérique avec une intuition aussi personnelle que juste.

Deux de ses frères avaient déjà tenté leur chance sur ce continent, laissant sur leur passage une légende épouvantable liée au trafic d'esclaves. Cela sembla nocif au jeune Culmell, il détestait l'idée d'une fortune entachée par ces campagnes. Il était persuadé qu'il devait trouver d'autres chemins, faute de quoi tout irait mal pour lui.

Une fois à La Havane, il travailla avec succès dans l'import-export, et il accepta le poste de consul du Danemark. Il coupa les ponts avec sa famille européenne et alla même jusqu'à modifier son nom afin de prendre de la distance en vue de ses choix futurs.

À son arrivée à Cuba il apparaît sous le nom de Thorvald Culmell Cristensen et quelques années plus tard, devenu consul, il se fait appeler Thorvald C. Culmell.

La grand-mère d'Anaïs, née Anaïs Vaurigaud et Bourdin, était manifestement une curieuse femme. Ses noms de famille témoignent d'une origine française, mais cela ne lui suffisait pas. Née à Matanzas, Cuba, dans le but d'acquérir une position sublime ou mystérieuse au sein de la société cubaine, elle mit à profit les multiples voyages qu'elle faisait depuis l'enfance à La Nouvelle-Orléans et la choisit comme ville natale. La première Anaïs et la troisième partageaient le don de l'affabulation constante et celui de la substitution d'une réalité par une autre affublée de retouches fantastiques qu'elles forgeaient comme une vérité impérieuse.

Comme elle était l'aînée des sœurs, Rosa prit la maison en charge. Elle endossa cette responsabilité trop jeune. Son engagement était total, et ce fut ainsi que les trente ans la surprirent, toujours vierge et célibataire, exerçant le rôle de mère de substitution.

Un après-midi, en raison de leur penchant pour la musique en amateur, Rosa et sa sœur Edelmira allèrent acheter des partitions dans la boutique d'Anselmo López.

En entrant, les deux sœurs entendirent un son merveilleux, doté d'*une touche** exquise, très élaborée, qui provenait d'un étudiant assidu ou d'un concertiste déjà affirmé qui jouait sur le piano à queue entreposé dans l'arrière-boutique de López.

Anselmo les autorisa à passer et elles découvrirent Joaquín, qui s'écarta vivement du clavier. Le jeune homme avait du mal à jouer impromptu en public. L'orgueil tenait un grand rôle dans son attitude vis-à-vis de la musique. Il accordait une importance démesurée à l'acte de jouer pour les autres. Il n'exécutait pas une gamme si elle n'avait été programmée auparavant dans un lieu approprié et satisfaisant. À la demande d'Anselmo et après les présentations de rigueur, le jeune homme accepta d'offrir un minuscule échantillon de son répertoire. Et il le fit comme à son habitude, avec une virtuosité extrême.

Dans la famille, tout le monde sait que pour Rosa ce fut un moment décisif qu'elle n'oublierait jamais. Ce qu'elle ressentit pour Joaquín pendant qu'il jouait dans ce lieu obscur fut très difficile à raconter pour elle. C'était une époque très dure pour la femme. Ce genre de chose se produisait rarement ; pour elle le quotidien était d'une grande banalité. Les merveilles arrivaient tard ou jamais. Malgré la chaleur étouffante liée à l'heure de la sieste, l'amour de Rosa fut immédiat. Joaquín, lui, prit son temps. Il devait s'enquérir du lignage de son admiratrice. Le maître était conscient de son propre magnétisme, de sa belle allure au piano. Il avait l'habitude que les jeunes filles lui fassent les yeux doux. Mais il lui fallait quelque chose de plus concret qu'une amourette avec une jeune fille de quinze ans. Avant de « donner son cœur », il était urgent pour lui de vérifier si un mariage avec Rosa pourrait être le véhicule qui lui permettrait de sortir de la pauvreté. Et ce fut le cas.

Rosa avait presque dix ans de plus que Joaquín. Elle avait vécu toute sa vie en se dévouant au foyer. Adolescente, elle avait été envoyée aux États-Unis avec sa sœur, Juana, pour y faire des études au Brentwood Convent de Long Island. Peu après, toujours ensemble, et durant plusieurs années, elles furent hôtes d'honneur au château français empreint de raffinement et de sophistication qui appartenait à un oncle maternel. Rosa savait, elle ne se trompait pas, que Joaquín était un homme du monde, talentueux mais inquiet. Comme dans un souffle, elle eut une petite révélation qui lui ferait ensuite prendre du retard dans ses décisions ; elle remarqua que le pianiste pouvait aussi être un peu sarcastique ou trop intense pour un mariage traditionnel. Était-ce ce qu'elle attendait de sa vie ? Mais que faire à cet âge sinon se lancer la tête la première ? Ce qu'elle fit.

L'aînée des Culmell, peu avant de se retrouver confrontée au célibat le plus noir, se maria dans l'urgence.

Rosa était très jolie, ses yeux sombres formaient une ravissante combinaison avec ses boucles châtain. Elle était énigmatique et forte, très mûre et affectée de la grave frustration de ne pas avoir pu devenir la chanteuse dont elle rêvait.

Tous étaient contre ce mariage, mais ils n'eurent pas d'autre solution que de respecter la détermination de Rosa. Le pianiste appelait à toute heure, il lui écrivait à l'aube et lui rendait visite l'après-midi.

La famille tenta de l'éloigner en l'envoyant à Matanzas. Mais Joaquín lui écrivit une lettre par jour ; au fil des pages, il combla d'illusions Rosa, qui à son retour dissipa doutes, méfiance et rigidité. Malgré sa famille, les conseils et le scandale, elle accepta pour fiancé le pauvre paria, artiste pour comble, Joaquín Nin Castellanos.

Rosa avait trente ans, Joaquín, vingt-deux, et à la surprise générale Thorvald Culmell autorisa non seulement le mariage, mais finança de surcroît les études de Joaquín en France afin de compléter son éducation musicale. Il étudia la composition et le piano à Paris avec Vincent d'Indy et M. Moszkowski.

Le père de Rosa leur alloua une somme confortable pour que le couple puisse vivre sans se priver dans cette ville et, autre surprise, il leur fit livrer un Steinway de collection.

Le concertiste ne douta plus, il n'avait jamais été plus opportunément assis devant un piano que cet après-midi où les Culmell l'écoutèrent par hasard après être entrées dans la boutique de la rue Obispo. Il n'eut jamais l'occasion de prendre une décision qui lui profite autant et change aussi favorablement son destin. Maintenant, le couple n'avait plus qu'à fonctionner comme le mécanisme parfait du nouvel instrument acheté sur commande.

LE DESTIN DES FRÈRES DE ROSA CULMELL À CUBA

Les oncles et tantes maternels d'Anaïs s'appelaient Juana, Anaïs, Edelmira, Antolina, Thorvald, Teodoro, Enrique et Pedro.

Les garçons se marièrent sans surprise. C'était l'époque où, devant la proposition d'un homme aisé, on n'émettait guère d'objections.

Juana Culmell resta célibataire. Elle connut un amour brisé qui détermina sa morose personnalité. Un gymnaste cubain qui, lors d'une pirouette risquée, perdit la vie, fermant pour elle ce chapitre. Juana n'était pas très proche de Rosa. Malgré leurs voyages et une éducation similaire, elles étaient radicalement opposées. Elle n'accepta jamais Rosa telle qu'elle était, et encore moins les enfants qu'elle eut de son mariage avec Joaquín. Elle les critiquait et se montrait d'une dureté excessive avec eux. (Elle fut paradoxalement la marraine d'Anaïs Nin.)

Anaïs Culmell (la deuxième Anaïs) fit un mariage malheureux avec Bernabé Sánchez, un homme qui la maltraita et l'humilia au point d'entretenir une deuxième famille à Camagüey au vu et au su de tous. Comme sa sœur Rosa, Anaïs possédait une belle voix de mezzo-soprano, mais elle ne fit pas non plus carrière dans ce domaine, elles chantaient ensemble sans très bien s'accorder. Elle vivait habituellement recluse, seule et sans luxe dans sa maison de La Havane, tentait d'éviter de toucher à la fortune que le père de ses enfants lui avait offerte, et se consacrait simplement à sa famille.

Edelmira Culmell épousa un Américain de Virginie, le commandant de la marine Gilbert Chase. Il était diplômé de l'académie navale américaine à La Havane puis il fut affecté de longues années au Brooklyn Navy Yard. Edelmira et leurs deux enfants, Gilbert et María Teresa, le suivirent. Ils vivaient dans une demeure victorienne à Kew Gardens, la zone champêtre du New York City Borough of Queens. Ce mariage-là fut malheureux lui aussi. Edelmira devint une femme très dépressive, elle dépendait de ses sœurs et engageait des nourrices pour assurer l'éducation de ses enfants à sa place. Lors des pires crises de nerfs, Rosa allait à son aide à New York. Edelmira se rendait très fréquemment à Cuba pour se sentir entourée.

Antolina Culmell était la plus sympathique des sœurs, la tante préférée d'Anaïs. Elle épousa le général Rafael de Cárdenas, et vécut auprès de lui dans une liberté totale. Veuve très jeune, elle avait dû élever toute seule ses trois enfants, Carlos, Antolinita (Baby) et Rafael de Cárdenas, mais elle conserva toute sa vie une humeur excellente et sa fermeté d'esprit.

Rosa et Antolina furent toujours de grandes adversaires. Antolina sut pourtant se gagner le respect et la déférence de la famille par sa gentillesse en apportant de l'aide sans qu'on le lui demande. C'était une femme incroyable dans la société havanaise qui lui était échue. Personne n'osait la montrer du doigt, elle vécut de façon très luxueuse et éleva ses enfants dans une extrême culture et obéissance. En raison des qualités d'hôtesse et de confidente d'Antolina, sa maison était le centre de fêtes et de réunions auxquelles tout le monde se rendait. Son surnom de la Générale donna son nom à la propriété et au mythe de cette femme charismatique.

Apparemment et contre toute attente, le couple formé par Rosa et Joaquín semblait heureux. Très mal vus par la famille pour avoir accepté le beau cadeau que Thorvald Culmell leur avait fait, ils pouvaient toutefois mener une très agréable vie parisienne. Ce fut ainsi que le 21 février 1903 naquit Anaïs. Le reste des oncles et tantes n'avait plus qu'à capituler.

Cependant, plus le couple se connaissait, plus la jalousie et les désaccords minaient la relation du pianiste et de la fille de Thorvald.

Joaquín était devenu une figure parmi les musiciens de Paris ; sa manière sensuelle de communiquer avec tout un chacun faisait de lui le centre de louanges et de surestimations que son épouse détestait. Devant elle et dans son dos, il se comportait comme un séducteur infatigable. Il désertait leur domicile pendant des heures. L'aube surprenait Rosa avec Anaïs dans les bras, surveillant la rue à travers les vitres ou guettant le bruit des pas de Joaquín sur le bois de l'escalier.

Un matin d'hiver, Rosa reçut un courrier de Cuba lui annonçant que son père était malade. Ils décidèrent de partir pour La Havane, où ils firent des prouesses pour laisser entendre que leur mariage était une réussite, mais ce n'était pas le cas.

Bien plus tard, Anaïs raconte la période parisienne de son père :

Il était toujours en tournée, choyé par les femmes, ma mère lui faisait des scènes de jalousie... Mon père se montrait familier et charmant avec les visiteurs... nous représentions le côté obscur de sa vie.

Il était évident que Joaquín avait oublié un petit détail, il devait son triomphe tout entier à la famille qu'il avait créée, celle-là même qui voyait affleurer son pire visage.

Tout juste âgée de deux ans, Anaïs arriva à La Havane. Elle logeait au 114 rue San Lázaro, qui appartenait aux Culmell et qui, quelques décennies auparavant, avait été le consulat du Danemark à Cuba. Une fois installés, Joaquín écrivit diverses pièces lyriques pour que Rosa les crée au Théâtre Centenad et au Liceo de La Havane qui venait d'ouvrir.

En 1905, pendant que son grand-père agonisait et qu'Anaïs contractait la typhoïde qui faillit l'emporter, naquit son frère, Thorvald Nin Culmell. Anaïs mit des semaines à guérir, son corps gisait dans le lit de sa mère.

En raison des constants engagements de Joaquín en Europe, ils durent s'empresser de se réinstaller à Paris pour quelques mois. Grand-père Thorvald était le centre financier de la famille, mais dans son état il ne pourrait guère y contribuer davantage, c'était le moment de lui rendre ce qu'il leur avait légué.

Ils firent le voyage en compagnie de Juana, l'éternelle célibataire qui souhaita aider Rosa à s'occuper des deux enfants, abritant peut-être le désir secret de rencontrer un jeune homme en âge de se marier qui aurait demandé sa main. Il n'en fut rien. Juana dut supporter les pénibles insinuations de Joaquín pendant le reste du voyage. Silencieuse, calme, elle tentait de prendre des forces afin de subir le harcèlement du pianiste sans éveiller les soupçons de Rosa.

Quelque temps plus tard, Thorvald Culmell, le fondateur de tout l'empire qui servait d'éperon à une famille cubaine construite sur les bases de l'émigration, mourait.

La famille revint à La Havane pour les funérailles. Ils se répartirent quelques biens, et les choses commencèrent à se dégrader.

Devant les autres, Joaquín et Rosa continuaient à présenter l'image fictive selon laquelle tout allait à merveille.

Seule Tía Antolina assistait aux violentes disputes du couple.

Antolina demanda à Rosa de rester avec eux. À l'époque, Rafael de Cárdenas possédait des terres et une belle ferme sur les hauteurs de Luyanó. Ils se sentaient seuls dans cette retraite avec leurs enfants, qui avaient le même âge que la petite Anaïs.

Au début de 1907, Rosa, Joaquín et le violoniste Juan Manén donnèrent trois concerts importants au Liceo de La Havane, ce qui leur ouvrit de nombreuses portes et les remplit d'espérances. Rosa refusa catégoriquement de se séparer de son mari, et elle rentra à Paris avec ses deux jeunes enfants. Ce même été, au cours du voyage de retour, Rosa avoua à Joaquín qu'elle attendait son troisième enfant. Il cessa définitivement de lui adresser la parole et décida de ne pas la côtoyer pendant la grossesse.

Rosa ne pouvait absolument pas l'accompagner aux concerts. Son refus du quotidien en famille et des enfants le rendait frénétique. Pendant que le pianiste vivait une existence libertine et sans aucune discrétion, ils restaient confinés à Saint-Cloud. Rosa donnait des cours de chant parce que sa partie de l'héritage passait dans le luxe et les extravagances de son époux. La situation se dégradait.

Le drame se dirigeait vers une issue fatale, quand Joaquín alla voir Vincent d'Indy, fondateur et directeur de la célèbre Schola Cantorum de Paris, pour qu'il le nomme professeur honoraire de l'institution, et il obtint le même titre de l'Université de Bruxelles. Il pensa alors à son vieux maître Felipe Pedrell, qui l'avait tant aidé à Barcelone. Le musicien avait dirigé les plus importants compositeurs de son temps. Pedrell ouvrit au pianiste les portes de Berlin, afin de permettre à son travail et à ses finances de progresser. Joaquín partit avec Rosa et les enfants vers la capitale allemande.

Le 5 septembre 1908, Joaquín María, le troisième des enfants Nin Culmell, naît dans cette ville. Un peu plus tard, Joaquín Nin Castellanos partit pour une tournée incohérente à travers l'Allemagne et l'Espagne, sans honoraires sérieux et sans guère de critiques. On raconte que cette tournée était une pure invention de Joaquín père pour s'éloigner d'une famille qui l'étouffait.

Rosa resta à Berlin avec ses trois enfants, sans aide, déprimée après l'accouchement, et isolée parce qu'elle ne parlait pas la langue. Ce furent les années les plus tristes de sa vie. Elle ne pouvait pas donner de cours, elle ne pouvait pas chanter non plus dans un panorama aussi complexe que celui de la chanson allemande de l'époque. Au printemps 1909 et comme si de rien n'était, le père de famille réapparut, exigeant de Rosa qu'elle s'occupe de leur déménagement à Bruxelles. Il allait y travailler comme professeur adjoint dans une nouvelle université.

Ils s'installèrent dans une banlieue de Bruxelles, à Uccle.

La limite était atteinte. Les choses commencèrent à se gâter. Entre cris et larmes des deux côtés, la ruine de leur mariage était évidente.

En 1912 précisément, Anaïs est opérée de l'appendicite. Afin que le climat chaud rétablisse l'état précaire de la fillette, la famille déménage en urgence à Arcachon, en France. Les heures de prière et d'isolement pour s'occuper d'Anaïs éloignaient de plus en plus Rosa du pianiste. Depuis qu'ils étaient en France, ils dormaient dans des lits séparés et ne s'adressaient pratiquement plus la parole. Par quoi étaient-ils unis, alors ? Les enfants ? La famille de Rosa ? Une union conventionnelle dans une Europe si élitiste ?

Joaquín commença à ne plus rentrer à la maison le soir. Même si tous remarquaient son absence, personne n'évoquait le sujet.

Cette fois, la jalousie de Rosa était fondée. Les Rodríguez, leurs amis cubains résidant à Arcachon, très fortunés et aimables, propriétaires de la célèbre fabrique de cigares Romeo y Julieta, avaient entrepris d'aider et de parrainer Joaquín, qui, non content d'égayer leurs fêtes, s'était lui-même baptisé professeur de piano de Maruja, leur fille. María Luisa, alors âgée de seize ans, très développée, était mûre, exubérante et dotée d'un très fort caractère. La jeune fille devint la grande alliée de Joaquín et le pianiste, se servant de son charme, la convainquit de devenir amie avec Anaïs, âgée de dix ans à peine.

Joaquín donnait des leçons à Maruja tous les jours. Il voulait remercier la famille de sa gentillesse pour avoir réglé ses dettes, y compris l'immense maison, Les Ruines, située dans un quartier résidentiel d'Arcachon. Mais Rosa ne sautait pas de joie, elle connaissait trop bien son époux pour ignorer ce qui était en train de se passer. Elle s'aperçut immédiatement du désir de Joaquín pour Maruja, désir incontrôlable et maladif. Une jeune élève avec son professeur de piano. L'amie de sa fille et son époux mûr la trompaient tout le temps. Cela transcendait la musique et la reconnaissance. L'histoire semblait familière à Rosa, c'était la sienne, née rue Obispo, à La Havane, qui se répétait.

Joaquín tentait de piller une autre famille, cubaine aussi, mais cette fois en s'accrochant aux jupons d'une mineure.

Rosa l'accusa à plusieurs reprises en privé, le prévint des dangers de ce stratagème immoral, mais lui, Joaquín Nin Castellanos, se montrait prudent et lui dit qu'il ne fallait pas faire peur aux Rodríguez, sinon ils allaient encore se retrouver à la rue.

Joaquín parvint, on ignore comment, à enjôler la famille cubaine, dont la fille décida de le prendre pour époux, et le pianiste résolut de partir en Belgique pour y régler quelques affaires, avec le bureau qui avait organisé ses concerts les années précédentes.

Anaïs raconte que le jour de son départ elle devint hystérique, criant et s'accrochant à sa poitrine. Il lui demanda de le laisser partir, ce qui fut définitif. La petite avait une poupée appelée Bouby qui l'accompagna jusqu'à son mariage. C'était un cadeau de son père, et elle lui parlait comme s'il pouvait l'entendre. Le drame occasionné par son père la suivit toute sa vie. C'est à cause de lui, uniquement à cause de lui, que naît le premier écrit de l'auteur, sa première lettre d'amour et d'adieux sur un cahier d'écolière.

Après la séparation, les tantes, Juana et Antolina, arrivèrent à Arcachon en provenance de Cuba. Rosa ne voulait pas accepter d'argent de leur part ni l'idée d'un retour définitif à Cuba.

Ils finirent par tous habiter chez les grands-parents paternels à Barcelone, et ils tentèrent de surmonter une lettre très dure de Joaquín dans laquelle il leur disait adieu. Dans la maison de Belgique, Joaquín n'avait presque rien laissé. Avec les rares meubles que Rosa avait pu vendre, ils tinrent quelques mois.

La pression qui arrivait à Rosa depuis Cuba était assez forte. Ses sœurs la réclamaient, lui promettaient de l'entourer et de bien s'occuper de ses enfants, mais elle voulut obéir aux ordres de Joaquín, et tenta de cohabiter avec ses beaux-parents.

Anaïs ne put jamais se rappeler à quel moment ses grands-parents paternels partaient pour Cuba et en revenaient. Les Castellanos furent toujours un mystère pour elle, elle ne vécut avec cette partie de la famille que pendant la courte période à Barcelone, la seule où elle se souvienne d'eux, et elle les décrit comme « distants et apathiques ».

Quand Rosa voulut expliquer à ses enfants que leur père les avait abandonnés, tous s'opposèrent à cette terrible vérité. La petite Anaïs se bouchait les oreilles, et elle développa un état traumatique où elle sursautait les courts moments où sa mère entrait et sortait de la maison sans les prévenir.

Joaquín se mit enfin à leur écrire, à leur imposer de loin de parler français et d'oublier l'espagnol. Toute la vie d'Anaïs reposait sur ces étranges lettres. Les jours où les lettres arrivaient, c'était l'extase ; les jours sans, la dépression totale. Elle les lisait frénétiquement et les apprenait par cœur. Devant l'imminence du divorce, la tante Juana part à Barcelone où elle loue un petit appartement. Antolina leur demanda de venir à New York toutes les deux pour que la chanteuse trouve un monde plus approprié à sa carrière.

Le 25 juillet 1914, Rosa, disposée à changer de vie et d'avenir, sûre de son anglais et soutenue par sa famille cubaine, part sur le vapeur *Monserrat* pour un voyage sans retour. Elle abandonne ses illusions d'épouse, devient la seule responsable des trois enfants, pour toujours.

Là, Anaïs commence officiellement sa saga de journaux, qui allait en fait constituer l'essence de sa carrière. Sur ce bateau, elle entame un monologue suivi pour son père. Un long journal qui est aujourd'hui l'œuvre de sa vie.

Le 11 août 1914, elle avait déjà écrit la première partie de son œuvre, et elle était à cet instant reçue et entourée dans le port de New York par son oncle, le commandant Gilbert Chase. L'énorme officier était là pour les accueillir, avec son fils Gilbert (Coquito) et les enfants d'Antolina, Carlos (Charlie) et Rafael (Felo) de Cárdenas.

Anaïs avait peur. Ses frères et elle s'accrochaient étroitement à Rosa. Tout était étrange, l'abandon était étrange, mais ils devaient s'y habituer pour continuer à vivre ensemble désormais.

Rosa était en communion avec sa famille cubaine. Pour bénéficier de prix plus intéressants et ne pas abuser de la générosité de leurs sauveurs, ils déménageaient régulièrement à Manhattan. Elle était fatiguée, anxieuse, mais elle devait continuer.

Rosa envoyait à Cuba de la lingerie et des costumes très onéreux provenant des boutiques new-yorkaises les plus raffinées : Lord & Taylor, Bonwit Teller, Wanamaker's ; elle achetait pour sa famille cubaine aisée les dernières choses à la mode à des prix raisonnables. Les frères de Rosa, Thorvald et Enrique, ne tardèrent pas à lui commander chaussures et cigarettes, livres et vêtements. Rosa touchait alors dix pour cent sur les achats, ce qui l'aidait. Au milieu de la Première Guerre mondiale, de nombreux Cubains se trouvaient empêchés de se rendre dans cette ville. Rosa devenait alors le lien parfait et sa clientèle fit un bond. De nombreuses familles connues et illustres de La Havane réclamaient ses services pour lui passer des commandes capricieuses et extravagantes. Parmi elles, par exemple, les enfants du président Mario García Menocal. Son affaire se développa à tel point que, en 1929, elle ouvrit un petit bureau à Broadway.

Lors d'un voyage à Cuba, Rosa négocia avec sa famille d'envoyer un temps la jeune Anaïs sur l'Île. Ils allaient trouver un mari prospère à l'impétueuse adolescente. Ils étaient tous d'avis que l'espoir de la famille résidait justement dans le beau mariage qu'Anaïs pourrait faire avec un créole aisé. Un robuste spécimen de l'aristocratie du sucre cubaine serait indiqué. C'était la raison pour laquelle on envoyait la jeune Anaïs sur l'Île. Et aussi pour lui faire oublier son amourette avec quelqu'un qui n'était pas destiné socialement à l'exotique, impétueuse et cultivée jeune fille.

En 1921, quand Anaïs quitte Columbia après que le commerce de Rosa eut sombré corps et biens, ils décidèrent qu'Anaïs allait cesser de poser et de coudre pour des artistes et des ateliers de New York. C'était le moment de l'envoyer à La Havane à la recherche de ce mari cubain, planteur de canne à sucre, qui résoudrait une fois pour toutes les vicissitudes résultant de l'absence du père.

Anaïs avait posé pour *The New York Art Worker's Club for Women.*

C'était le modèle préféré de l'illustrateur Charles Dana Gibson, fils de Charles Dana, grand ami de José Martí. L'artiste était célèbre et respecté comme portraitiste et il était envoûté par l'étrange mélange que présentait Anaïs. Il la dessina et l'éternisa chaque jour, en faisant une des ses « Gibson Girls ». Son visage apparut sur la couverture du *Saturday Evening Post.* Les choses en ce monde étaient compliquées, et Anaïs tenta de raconter à Rosa des incidents fatidiques qu'elle avait connus lors de ses expériences professionnelles. Rosa fut prise de panique et décida de l'envoyer une fois pour toutes à Cuba. Anaïs s'excusa auprès de sa mère et refusa de partir. Elle avait une bonne raison. Elle était amoureuse d'un Américain qui s'appelait Hugo Parker Guiler.

Hugo et Anaïs se rencontrèrent le 12 mars 1921, quand la sœur d'Hugo invita la jeune fille à une fête chez les Guiler, à Forest Hills, Queens. Tout changeait pour elle, ses décisions ne lui appartenaient pas. Comment obéir à sa famille cubaine et satisfaire son cœur ébloui en Amérique ?

Hugo Parker Guiler, fils d'Enna et Hugo Cheyne Guiler, naquit à Boston le 15 février 1898. Il vécut vers 1900 à Puerto Rico où son père était intendant et expert de l'industrie du sucre. Sa vie sur l'Île était libre et dissipée. Les Noirs qui assistaient son père lui firent découvrir un monde exotique dans une langue parallèle à l'anglais familier. Son espagnol était rustique, mais il lui enrichissait l'esprit. Hugo sortait de Columbia, il s'était spécialisé dans la langue anglaise, avait une connaissance parfaite de la littérature anglo-saxonne même si, contre tout pronostic, il devint cadre à la City Bank of New York.

Anaïs hésita longtemps devant sa mère, qui ne voulait pas entendre parler de Hugo. Non qu'elle eût quelque chose contre le jeune inconnu, mais parce que sa fille, dans ce monde, était méprisée pour trois raisons pragmatiques : latine, catholique et pauvre. Rosa pensait qu'elle ne devrait pas accepter une famille américaine qui la jugeait mal, qui ne la méritait pas, aveugle devant sa sensibilité.

Le manque d'assurance de Hugo envers Anaïs rendit Rosa furieuse. Les affaires changeaient de couleur. Anaïs ne pouvait pas, d'après sa mère, continuer à exposer sa moralité en tant que modèle. Elle ne devait pas non plus passer des heures devant une machine à coudre qui ne rapportait rien.

Pressé par ses parents, Hugo partit pour l'Europe. Ils voulaient l'éloigner de la folle écrivaine de journaux. Anaïs se protégea du vide laissé par Hugo en acceptant la proposition de sa mère. Elle retourna vers ses origines. Ce voyage était dur pour elle. La douleur était double. À cause de Hugo et de son père.

Quelques semaines plus tard, une fois sur l'île, son promis ne répondait pas. Elle était sur des charbons ardents. Elle ignorait si le jeune homme était en croisière pour l'oublier ou s'il se cachait plutôt afin de méditer sur son avenir.

Dans son journal de voyage, Hugo notait : « Certains jours, il m'a semblé que je devrais être un autre que celui que je crois être pour correspondre à ton idéal. »

Anaïs ne connaissait pas les demi-teintes.

Elle décida de se sacrifier pour ses frères, pour sa mère, de s'immoler en acceptant un riche Cubain, et elle partit pour Cuba tout en écrivant des secrets codés pour Hugo, qui ne répondait que par le mutisme à ses qualificatifs.

D'abord un train, puis un vapeur, puis La Havane.

Silence, la vie tenait à un fil. Très peu de pages dans le journal original. Cuba suscitait ses questions. Prétendants, cousins, jeux distants. Chronique sociale et, finalement, Hugo, qui renaissait de ses cendres tel le phœnix.

Je crois que cette coquetterie marqua pour toujours la relation intermittente, mais soutenue, d'Anaïs et de son époux. Ce fut toujours le cas, sans grands changements dans le sens de l'intimité.

Le 5 décembre 1922, de Cuba, Anaïs demande à sa mère la permission d'épouser Hugo, qui refait surface après des mois de réflexion sur la question. Il renonce à sa famille, à sa religion, à son héritage, et fait des prouesses avec l'argent que ses parents lui ont donné pour venir régulariser leur union à La Havane.

Il accepte le mariage malgré la sévère menace d'être déshérité, pourvu qu'il n'arrête pas la drogue délicieuse qu'est la vie à côté d'un être aussi intense que la petite Linotte.

18 février 1923, Anaïs, Journal cubain : *Que Dieu me vienne en aide car je place toute ma confiance dans l'amour et je voue toute mon âme à l'accomplissement de ma mission humaine. Et, tandis que ceux qui savent me murmurent à l'oreille : « L'Amour passe, le Mariage est un échec, l'Homme est égoïste », je reste inébranlable, en attente, l'âme pleine de visions qui m'élèvent au-dessus de moi-même.*

Le 3 mars 1923, dans le quartier d'Arroyo Naranjo, La Havane, Cuba, en présence d'Antolina, Juana, Anaïs Sánchez et de quelques cousins, Anaïs Nin et Hugo Guiler firent un mariage civil. Ni Rosa ni les parents d'Hugo n'y assistèrent, il n'y avait que les parents mentionnés précédemment et certains témoins proches de la famille.

CUBA ET LA MORT DES PARENTS D'ANAÏS

Ses parents sont enterrés tous les deux au cimetière Colón.

Mort de : Père

24 octobre 1949

(Extrait du Journal original.) L'édition espagnole et l'édition française[1] comportent une erreur sur la date à laquelle Anaïs a écrit cette lamentation. Elles indiquent le 20, alors que Joaquín meurt le 24, il est

1. (*N.d.T.*)

impossible d'anticiper ce genre d'événement. La date qui figure dans l'original est exacte.

Mon père est mort ce matin à Cuba ; la blessure a été si profonde, le choc si profond, le sentiment de la perte si profond que c'était comme si j'étais morte avec lui. J'avais l'impression de me briser, de tomber. Je pleurai de ne pas l'avoir revu depuis Paris, de ne pas lui avoir pardonné, de ne pas avoir été là lorsqu'il est mort, seul et pauvre à l'hôpital.

Joaquín m'a envoyé un télégramme. J'ai pleuré et ressenti la perte dans mon corps, ce terrible amour frustré. N'avoir jamais été intime avec lui, n'avoir jamais fusionné avec lui. L'éloignement maudit qui est le plus grand chagrin que puisse connaître un être humain. Je l'ai vu endormi, comme je l'ai vu évanoui après un concert. La mort est là, au-dedans de vous. Il est certain qu'une part de soi-même meurt avec ceux que l'on aime. On le sent, mais on ne peut y croire. La peine attaque le corps. J'aurais dû sacrifier ma vie pour lui, ainsi qu'il le souhaitait. J'ai lutté pour ne pas être comme lui, coupée des êtres humains. J'ai lutté pour atteindre tous ceux qui étaient comme lui coupés des êtres humains. C'était cela le mystère de ma relation avec les êtres fermés, froids, lointains. J'ai lutté pour être proche, pour fusionner, pour réaliser l'inverse, la communion avec autrui. Je ne peux accepter sa mort. Cela ne guérira jamais. Parce que ce fut une relation incomplète, qui ne pouvait arriver à son terme et qui avorta. On peut accepter la mort lorsqu'elle arrive comme un couronnement, une mort naturelle. Mais quelque chose ici, cet échec, était comme une opération chirurgicale. Une amputation, pas une mort naturelle.

Ce que je ne peux supporter, c'est que pour survivre à la force destructrice des autres, nous nous révoltons, nous les frappons, nous leur nuisons, nous nous détournons. Je regrette de n'avoir pas été une sainte.

Joaquín, qui est un saint, m'écrit : « J'ai tenté de me rapprocher de lui, et j'ai échoué. »

Tant de souvenirs. Pourquoi avait-il édifié un mur autour de lui ? Pourquoi cherchait-il toujours les failles chez les autres, pourquoi ses yeux bleus étaient-ils si critiques ? Nul souvenir de tendresse ou d'intérêt, et pourtant ma mère me dit qu'il avait pris des milliers de photos de nous, nus. Il était plein d'admiration esthétique pour ses enfants. C'était le seul moment où il témoignait de l'intérêt. À moins que cela n'ait été de l'intérêt pour une nouvelle occupation, la photographie ? Je ne sais pas. Mais le moment de la photographie était le seul où nous recevions quelque attention. Je me demande si c'est de là que vient mon peu de goût pour la photographie. Les enfants sont vaniteux et se rendent compte quand on les admire. Avais-je répudié cette sorte d'admiration ? Y avait-il quelque chose d'autre que je voulais, non pas l'admiration de notre corps, mais un intérêt pour ce que nous ressentions, pensions, manifestions dans nos jeux. Notre besoin enfantin d'une maison secrète à l'intérieur de la maison. Pourquoi ? La nôtre, distincte de celle des parents. Nous la faisions sous la table ronde de la bibliothèque, recouverte d'un long tapis vert à lourdes franges.

Avait-il suscité chez la petite fille la coquetterie de la femme ? Yeux du père derrière l'appareil. Mais toujours un œil critique. Il fallait exorciser cet œil, ou bien lui complaire, tel celui d'un dieu exigeant. Je devais m'efforcer de présenter une image plaisante. C'est de là, bien sûr, que tout est venu : ne pas déplaire au photographe, Dieu et Critique.

Joaquín m'a écrit, à propos de notre père : « J'ai essayé d'être amical, mais il s'était déjà claquemuré. Il s'était perdu dans la fosse de sa propre solitude, effrayé du son de sa propre voix. »

Il s'était débarrassé de toutes ses photographies, sauf des siennes qui étaient suspendues tout autour de ses murs.

Joaquín Nin mourut le 24 octobre 1949 à 10 h 20 et, contrairement à ce que l'on fit croire à Anaïs, le décès ne survint pas à l'hôpital. D'après le certificat ci-joint, le décès eut lieu dans une petite chambre chez ses cousins, les Castellanos, dans une maison située dans la zone du Vedado, précisément rue 23, entre A et B (actuellement une école primaire). Il mourut d'une anémie aiguë et d'une inanition provoquée par l'anorexie et un refus absurde de toucher tout objet ou aliment susceptible de l'« infecter ». Son fils Joaquín Nin Culmell et le maître Félix Guerrero me racontèrent tous deux que ses mains ne touchaient plus rien qui puisse le contaminer, qu'il pelait les fruits avec des gants, et que son coiffeur devait lui couper les cheveux en utilisant des ciseaux et des peignes dûment désinfectés par lui-même.

Sa vie devint une immense aliénation, les Castellanos le conduisirent donc de l'appartement du Vedado, où il vivait de cours particuliers, à l'une des chambres destinées à leurs employés.

Il passa ses derniers jours hors de la réalité. Il se lavait sans cesse les mains pour expurger des péchés que personne de son entourage ne connaissait et dont on suppose qu'il lui resta toujours des séquelles.

Sa tombe est située au cimetière de Colón, La Havane, Cuba.

Mort de : Mère

Août 1954
(Extrait du Journal original, notes et commentaires d'Anaïs.)

Joaquín me téléphona. Mère se remettait avec de l'oxygène et des drogues, et elle avait parlé avec Joaquín. Dans l'après-midi, elle s'était entretenue avec un jeune prêtre qu'elle avait demandé. Mais le lendemain elle était à demi inconsciente et ne reconnaissait pas Joaquín, elle répondait faiblement quand on l'appelait. Ce soir-là, elle mourut sans avoir repris connaissance et sans souffrir. Joaquín me téléphona à minuit.

Douleur de la perte irrévocable. Douleur plus grande et plus profonde parce qu'il n'y avait pas de sens de l'unité, de fusion, de proximité, et j'avais espéré y parvenir. La perte est plus grande et plus affreuse lorsque l'on n'est pas parvenu à la proximité. J'avais lutté toute ma vie pour me rapprocher d'elle, et maintenant, elle était perdue pour moi. Cela m'échappait. Douleur du souvenir. La dentelle inachevée. Sa patience inachevée. Cette dernière journée de famille ordinaire, rien pour l'élever au-dessus d'une journée de famille ordinaire, avec les désaccords familiaux enracinés dans l'enfance. Douleur, son corps rétréci en partie mourant, desséché, mais lorsqu'elle était très malade et que je frictionnais son corps à l'alcool, son dos était lisse et blanc, sans rides, étonnamment lisse et blanc, sans rides, étonnamment lisse, nullement prêt à mourir. Douleur. Je ne pouvais regarder mon costume de bain auquel elle avait fait quelques points sans éprouver une peine aussi grande qu'un coup de couteau. Douleur de n'avoir pas été là, pour la voir, pour l'aider, ainsi que Joaquín. Joaquín qui a dû vivre seul toutes les horreurs, la perte elle-même, et tous les détails qui accompagnent la mort. (…)

Je me révoltais contre la mort. Je pleurais silencieusement. De temps en temps, le chagrin me transperçait de nouveau, au détour d'une rue, au cinéma, à l'aube, n'importe quand. La culpabilité venait de ma révolte contre elle. La compassion angoissante pour sa vie. (…) La peine plus profonde qu'à la mort de mon père (…).

Joaquín (...) régla les problèmes de son enterrement, des relations avec toute la famille, de son voyage à Cuba, avec maestria. Il a su respecter les tabous, les coutumes familiales, les rituels religieux, avec beaucoup de délicatesse.

Joaquín a hérité de l'intégrité de ma mère, et moi des dualités de mon père. Mais Joaquín a aussi montré que la seule manière de rester proche de nos parents, c'est de devenir cette figure idéale qu'ils désirent : le fils respectueux et dévoué, religieux, qui n'a jamais aimé personne plus que sa mère. J'ai essayé cela lorsque j'avais onze, douze, treize, quatorze, quinze ans, et presque jusqu'à ma dix-huitième année. J'étais la fille parfaite ; je submergeais ma personnalité dans celle de ma mère. Elle choisissait mes robes et me gardait à la maison, alors que les autres jeunes filles travaillaient au-dehors. J'étais perdue dans ma soumission. Mais ma première rébellion se produisit lorsque je décidai que je ne pouvais supporter de souffrir passivement la pauvreté, et que j'insistai pour aller travailler. Ma mère s'y opposait. Un ami m'aida à trouver un travail que je puisse faire (n'ayant aucune formation professionnelle). Je devins modèle, fis partie du Model's Club, et je commençai à gagner de l'argent pour aider la famille. Il se peut que j'aie perdu son amour avant cela, lorsque à l'âge de seize ans je me révoltai contre le catholicisme.

Dans les anciennes croyances mystiques, l'esprit du mort entrait dans un enfant nouveau-né. Il est certain que nos parents nous donnent deux fois naissance, la seconde fois lorsqu'ils meurent, et, à leur mort, en signe de révolte contre la mort, nous acceptons le legs de leurs traits de caractère.

La légende compliquée qui s'est tissée autour de la figure de l'écrivain Anaïs Nin par rapport à son père, le compositeur né à La Havane qui avait obtenu la nationalité espagnole, provient des confessions de sa fille dans la compilation : *Journal de l'amour* (1932-1939), INCESTE[1].

En fait, la relation avec son père relevait d'une adoration totale. Chaque feuillet tendait vers le moment unique de la rencontre. Cependant, il est incroyable que cela n'ait pas eu lieu avant l'été 1933. Elle le raconte comme « Les retrouvailles avec le Roi Soleil » :

Je réalisais à quel point ce masque m'avait terrorisée autrefois. Cette volonté farouche, cet esprit critique, cette sévérité. Et avec quel effroi, enfant, j'avais confusément redouté que cet homme ne fût jamais satisfait. Je me demande dans quelle mesure la conscience de l'exigence de mon père a contribué à mon obsédante recherche de la perfection. Je me demande quelle obscure conscience de ses exigences, de ses attentes, m'a poussée à fournir des efforts aussi énormes que ceux que j'ai fournis.

Père dit : « Ce n'était pas d'être vieux qui m'inquiétait, je sais que je ne le suis pas. Mais je craignais que tu n'arrives trop tard, quand je le serais. Je craignais que tu ne me voies pas plein de vie et de fermeté, capable de te faire rire… »

1. Stock, 1995-1996, 1997, 1999, traduction de Béatrice Commengé. (*N.d.T.*)

Et soudain, je sentis une vague d'admiration pour mon Double ! Je regrettai les années où je ne l'avais pas connu, où je n'avais rien appris de lui. Je fus orgueilleuse et je souffris de ne pas être à la hauteur de son idéal…

Nous avons ajouté des fragments du Journal en rapport avec la relation amoureuse supposée entre père et fille, qui avait commencé dans son enfance, et qui allait conduire à l'écriture définitive de l'œuvre complète d'Anaïs Nin, à ses journaux, la littérature de sa vie.

PÈRE OU « LE ROI SOLEIL »

Extrait du *Journal de l'amour*, INCESTE, « Un amour empoisonné ».

J'avais désiré que le journal meure avec la confession d'un amour que je ne pouvais réaliser. (2 juillet 1933).

Je suis retournée dans ma chambre, empoisonnée. Le mistral soufflait, chaud et sec. Il soufflait depuis plusieurs jours, depuis le jour de mon arrivée. Il m'usait les nerfs. Je ne pensais à rien. J'étais divisée, et je mourais d'être divisée – je luttais pour atteindre la joie, et la joie était inatteignable. L'irréalité oppressante. La vie, de nouveau, qui se retirait, qui m'évitait. Je possédais l'homme que j'aimais en esprit ; je l'avais dans mes bras, dans mon corps. J'avais l'essence de son sang dans mon corps. L'homme que j'avais cherché dans le monde entier, l'homme qui avait marqué mon enfance au fer rouge, l'homme qui m'avait hantée. J'avais aimé des morceaux de lui chez d'autres hommes : le brio de John, la compassion d'Allendy, l'esprit abstrait d'Artaud, la force créatrice et le dynamisme de Henry – et le tout se trouvait là, dans un corps et un visage si beaux, si ardents, avec une force encore plus grande, le tout était réuni, synthétisé, encore plus brillant, plus abstrait, et avec encore plus de force et de sensualité ! L'amour de cet homme, à cause de nos similitudes, à cause de nos liens de sang, paralysait ma joie. Et voilà donc la vie qui me rejouait son éternel même tour : elle se dissolvait, devenait impalpable, perdait sa normalité. Le mistral soufflait et il n'y avait plus ni formes ni couleurs. Le sperme était un poison, un amour qui était un poison...

(Écrit en juillet 1933 à Chamonix à partir de notes prises en juin de la même année sur les vacances du Roi Soleil et d'Anaïs à Valescure.)

Fragment du même épisode :

Mère ne comprenait rien, ne pouvait pas être raisonnée, c'était une primitive dans ses jalousies, irritable, tyrannique. De terribles disputes éclataient entre eux. Des scènes violentes au cours desquelles père épuisait toute l'énergie dont il avait besoin pour autre chose. Et il finissait par céder, pour avoir la paix.

Et voilà que j'ai découvert une guerre, une guerre sexuelle, comme celle que se livraient Lawrence et Frieda, June et Henry. Père essayant de réussir sa vie d'artiste ; et Mère, l'araignée, vorace, bestiale, sans volupté, sans romantisme, terre à terre. Destructrice d'illusion. Mal coiffée, sale, sans coquetterie ni goût. Elle était capable d'enlever sa perruque devant Père, de traîner en peignoir. Une liste terrible de détails très crus. L'odeur de transpiration, une forte odeur de sexe non lavé. Ces détails étaient une torture pour mon père, l'aristocrate – et, de plus, doté d'un odorat des plus fins – passion pour les parfums et autres raffinements. Les serviettes hygiéniques laissées sur la table de nuit, les sous-vêtements qui n'étaient pas changés tous les jours. Et puis encore, dévoratrice, sexuellement excitée par les ardeurs de mon père (et cette nuit-là, j'ai découvert son ardeur, que j'avais pressentie) (...).

Dans le même épisode, le père se confesse. Le Roi Soleil parle :

« – *J'ai fait un rêve de toi qui m'a effrayé. J'ai rêvé que tu me masturbais avec une main couverte de bijoux et que je t'embrassais comme un amant. Pour la première fois de ma vie, j'étais terrifié. C'était après ma première visite à Louveciennes.*

– *J'ai aussi rêvé de toi.*

– *Je n'éprouve pas envers toi des sentiments de père.*

– *Je n'ai pas non plus le sentiment d'être ta fille.*

– *Quelle tragédie ! Qu'allons-nous faire ? J'ai rencontré la femme de ma vie, l'idéal, et c'est ma fille ! Je ne peux même pas t'embrasser comme j'aimerais le faire. Je suis amoureux de ma propre fille !* »

Anaïs ne reçut pas une éducation sentimentale stable. Sa vie fut une absurdité entre deux mondes, le réel, entre New York, Barcelone et la France, et celui de Cuba, une référence, un souffle familier qui lui fournissait de quoi vivre avec sa mère et ses frères. Les fondations de cette vie réelle étaient données par le Journal, qui apparaissait comme une fuite, une cachette nourrissant sa foi.

Lors de son voyage à Cuba en 1956, elle découvrit une légende qui couronnait la tête de son père. Margot de Blanck, pianiste cubaine aimée du public, fille du grand compositeur cubain Hubert de Blanck, arrivait tard le soir, couverte d'un voile bleu, à la porte de sa maison. Des années plus tard, ce fut le chauffeur de la dame lui-même qui révéla le mystère de cette femme voilée qui venait vivre chaque jour une grande romance avec son père.

À cette occasion, Anaïs visita le cimetière sans pouvoir arriver aux tombes de ses êtres chers, quelque chose l'empêchait de franchir le seuil. Elle découvrit des partitions chez de vieux copistes et des compositeurs, récupéra des photos, anecdotes, alla voir des maisons qu'il avait louées pour y vivre au calme ; mais elle ne put jamais trouver son père. Ni dans son corps de femme insatiable, ni dans son passé de fillette abandonnée.

Au cours de mes recherches, en consultant les cahiers originaux, je fus surprise de constater que dans les premier tomes, « Journal d'enfance », elle note à chaque page « Cher Journal » ou « Cher Papa ».

Les lettres envoyées à son père à l'âge adulte, juste à la période où elle situe un inceste probable, sont aussi osées que les propres confessions épistolaires de son père. Nous pouvons rester incrédules devant les documents publiés qui rapportent l'inceste. Nous pouvons considérer qu'il s'agit d'une manipulation de l'auteur se situant à la frontière abstraite entre fiction et réalité, mais ce qui saute aux yeux, c'est que cette relation ne fut en fait jamais saine. L'obsession de l'auteur pour son père fut son terrain d'étude, de la psychanalyse à l'écriture où elle tira jusqu'à la rompre sur la corde des confessions publiques et littéraires qui ont perturbé bon nombre de ses lecteurs.

Extravagance ? Règlement de comptes ? Réalité insupportable qu'elle désirait avouer dans son œuvre ? Dépouillement spirituel ? Délire reconstruit de façon dramatique ? Nous ne le saurons jamais. Jamais. Devant les journaux originaux, devant sa propre écriture, les mêmes questions nous assaillent.

À son retour aux États-Unis en 1956, l'auteur n'hésita pas à noter ses délires ou ses souvenirs concernant son père, et elle trouva même la force de planifier à long terme l'autorisation d'une future édition. Pour le pianiste, ce fut l'inverse. La culpabilité de cette histoire d'abandons et de chaos l'isola complètement. Il vécut ses derniers jours dans une pièce sombre du quartier du Vedado, à se laver les mains sans relâche, anorexique, la raison chancelante, essayant de laver une faute incompréhensible pour ses amis et sa famille.

Anaïs, de son côté, se libéra par l'écriture, reprenant les journaux, réécrivant, abondant en souvenirs délirants ; peut-être dans l'espoir que Joaquín apparaîtrait dans ses rêves pour refaire mille et une fois l'histoire, inventant des recours interminables dans la veille absolue d'un père, ce premier homme qui l'avait oubliée.

NOTES SUR LES LIENS CULTURELS DES ANCÊTRES D'ANAÏS AVEC CUBA

Historique de certains écrivains de la famille

(d'après des sources fournies par Joaquín Nin Culmell)

1° Le trisaïeul maternel, Pierre-Théodore Vaurigaud, fut l'auteur d'un journal écrit en français (en possession de Mme Gayle Nin).

2° Le grand-père paternel, Joaquín Nin y Tudó, fut l'auteur de plusieurs ouvrages de pédagogie, sa spécialité.

3° M. Francisco José Castellanos, cousin de Joaquín Nin Castellanos, fut un écrivain cubain distingué.

4° Joaquín Nin Castellanos écrivit deux ouvrages importants sur l'histoire et la théorie de la musique : *Ideas y comentarios* et *Para el arte*, hormis ses études sur la musique et les compositeurs espagnols classiques.

Anaïs Nin, célèbre pour ses journaux et ses expériences non expurgées, était la fille de l'un des plus extraordinaires compositeurs cubains de tous les temps, Joaquín Nin Castellanos, connu pour ses danses. Il créa des concertos pour piano et des pièces de chant lyrique, interprétées sur de grandes scènes. Sa main de maître guida plusieurs générations d'interprètes qui renouvelèrent l'univers sonore en introduisant la modernité dans la musique de concert.

On sait que les genres se sont confondus au fil des mouvements stylistiques en histoire de l'art, et les programmes sont de plus en plus éclectiques sur le plan de leur intégration. Joaquín Nin fut l'un des pionniers qui combinèrent l'interprétation de grands concerts classiques avec l'offre d'un programme qui intercalait les compositions cubaines dans une même soirée, accordant ainsi une place méritée aux pièces cubaines de l'époque, habituant le public à considérer sa propre musique comme apte à l'exercice d'un bilan « du sublime » au sein de la musique nationale.

Joaquín Nin Castellanos rédigea de nombreux travaux théoriques qui enrichissent aujourd'hui l'histoire de la musique des XIXᵉ et XXᵉ siècles, il est une référence incontournable dans l'histoire musicale cubaine, une citation récurrente dans des familles fondatrices comme Romeu, Centenad et Caturla.

Ignacio Cervantes fut son professeur et inspirateur, son guide dans le monde de la composition de l'époque.

Nin Castellanos fonda le Liceo de La Havane, fut titulaire de chaires importantes aux États-Unis et en France, dès les premières années du XXe siècle ; de là, il veilla à ce que l'on accorde des bourses aux étudiants cubains qui deviendraient des révélations considérables dans le panorama de la musique de concert de l'Île, comme Mario Romeu, Alfredo Levy, Félix Guerrero, Margot de Blanck et Margot Rojas, entre autres virtuoses.

GÉNÉALOGIE D'ANAÏS NIN
Arbre généalogique de la famille Nin (Cuba)

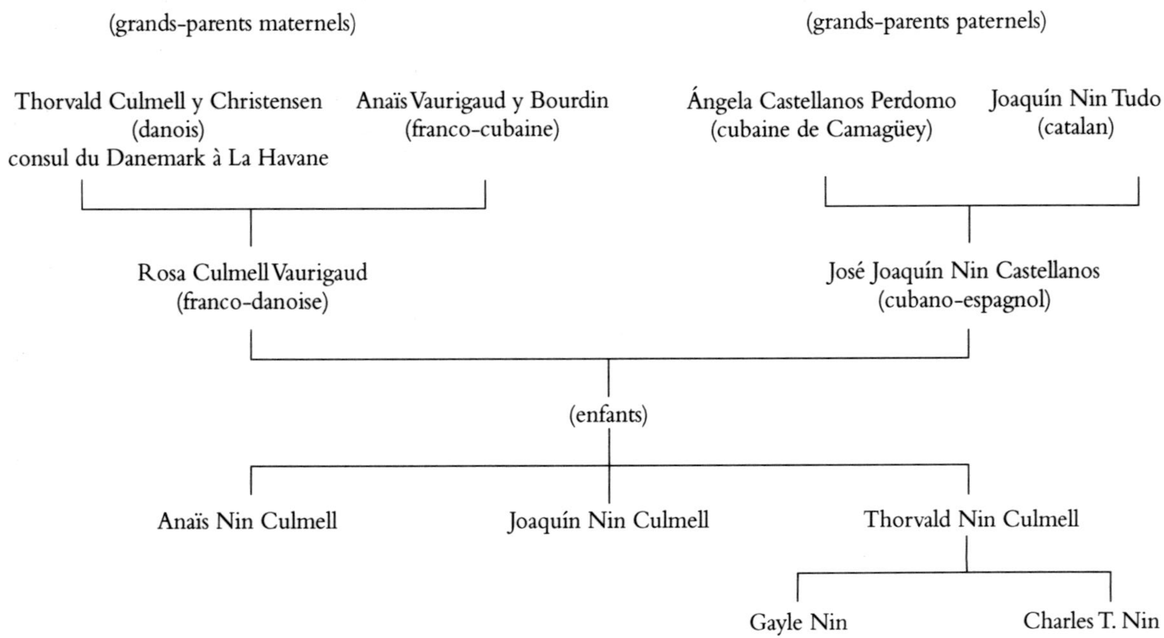

DESCRIPTION GÉNÉALOGIQUE DE LA FAMILLE D'ANAÏS

1. PIERRE THÉODORE VAURIGAUD (trisaïeul maternel).
2. ESTEBAN MIGUEL CASTELLANOS ARTEAGA (bisaïeul paternel), originaire de Barcelone.
3. CONCEPCIÓN PERDOMO VARONA (bisaïeule paternelle), originaire de Barcelone.
4. JOAQUÍN NIN Y TUDÓ (grand-père paternel), originaire de Barcelone, officier de cavalerie, marié à La Havane.
5. ÁNGELA CASTELLANOS (grand-mère paternelle), née à Camagüey, Cuba, mariée à La Havane.
6. JOAQUÍN NIN CASTELLANOS (père), né, marié et décédé à Cuba.
7. THORVALD CULMELL CHRISTENSEN (grand-père maternel), commerçant et consul du Danemark à La Havane.
8. ANAÏS VAURIGAUD Y BOURDIN (grand-mère maternelle), née à Cuba, d'ascendance française.

9. ROSA CULMELL VAURIGAUD (mère), cubaine, fille de diplomates, chanteuse lyrique, mariée à Cuba.
10. ANAÏS NIN CULMELL, franco-américaine, épousa Hugo Guiler, d'origine américaine, à Cuba.
11. THORVALD NIN CULMELL (frère), né à Cuba, jouait du violon, réussit comme entrepreneur.
12. JOAQUÍN NIN CULMELL (frère), musicien et compositeur, né à Berlin.
13. HUGO GUILER, banquier américain, de parents irlandais, épousa Anaïs à Cuba, en 1923.
14. RUPERT POLE, dernier époux d'Anaïs, acteur américain, exécuteur testamentaire de l'auteur jusqu'à sa mort.
15. ANTOLINA CULMELL (tante), franco-cubaine.
16. GÉNÉRAL RAFAEL DE CÁRDENAS (oncle par alliance), marié à Antolina Culmell, sœur de Rosa Culmell, la mère d'Anaïs.
17. ANNA GAYLE NIN Y CASTILLO (nièce d'Anaïs), fille de Thorvald Nin. Avocate retraitée, résidant à San Francisco, Californie.
18. CHARLES T. NIN (neveu), promoteur résidant à Mexico.

ANAÏS, SES FINANCES ET LA RÉVOLUTION CUBAINE

Hugo traita des affaires pour la banque à La Havane, avec son cousin Carlos Cárdenas et les Sánchez. Il semble avoir été le spécialiste des questions financières de la Trust Company de Cuba.

Antolina apporta une aide précieuse à Hugo. Le banquier descendit à plusieurs reprises à l'hôtel Nacional dans les années quarante et cinquante. Il préférait loger à l'hôtel plutôt que dans la famille de son épouse pour ne pas déranger.

Notes de Deirdre Bair dans sa biographie concernant les finances d'Hugo et Anaïs :

... Ses déplacements fréquents à La Havane ne sont effectués qu'en partie pour la banque qui l'emploie depuis vingt-huit ans. La Trust Company of Cuba, une banque contrôlée par la famille Sánchez et dirigée maintenant par

Roy Archibald, le second mari de Graciela Sánchez, lui a offert un travail. Anaïs déplore l'idée que la famille Sánchez puisse déterminer sa sécurité financière, mais comparé au salaire actuel de Hugo, celui qu'ils offrent est astronomique.

Hugo sent qu'elle est sur le point de franchir un pas définitif pour s'éloigner de lui. Ce qui l'amène à prendre la décision soudaine qui changera sa vie : il démissionne de la City Bank Farmers Trust Company, un an et demi avant d'avoir droit à une retraite. Le 11 décembre 1947, Hugo envoie à Anaïs qui se trouve à Acapulco une lettre manuscrite de douze pages examinant par le menu leur situation financière. Il y déclare avoir décidé de donner sa démission la veille de son cinquantième anniversaire plutôt que d'attendre cinquante-cinq ans parce que cela lui permettra de retirer l'argent déjà investi dans la caisse de retraite, de rembourser ses énormes dettes (en fait celles d'Anaïs) et d'avoir encore 150 000 dollars. Il ne dit pas, mais l'implication est claire, que s'il ne remboursait pas ces dettes dont beaucoup sont des arriérés, il pourrait en résulter un scandale susceptible de lui coûter son travail.

Hugo reprend ses 150 000 dollars qu'il investit par l'intermédiaire d'un cousin d'Anaïs, Charles de Cárdenas (le fils d'Antolina). Il nomme aussi Charlie et un de ses collègues à la banque exécuteurs d'une entité appelée Cartera Investment Inc. qui doit être à la disposition d'Anaïs pour y investir, en toute indépendance. Il a calculé que le revenu annuel sera après impôts de 5 000 dollars dont il s'attend à recevoir la moitié. Si elle les ajoute aux

1 000 dollars qu'elle espère recevoir de son éditeur, elle disposera d'environ 300 dollars par mois. Il lui dit également que n'ayant pas d'héritiers ni personne à qui ils se sentent obligés de laisser la plus grande partie de leur argent, ils doivent se sentir libres de dépenser la moitié au moins du capital pendant les vingt-cinq années à venir. Ce qui, d'après les calculs de Hugo, leur donnera à chacun 3 000 dollars supplémentaires par an. Il laisse même entrevoir des sommes plus importantes car il a accepté de travailler pour Roy Archibald comme conseiller financier dans les investissements bancaires de la famille Sánchez.

Les plans de Hugo dépendent en grande partie de sa famille cubaine et l'enthousiasme débordant d'Anaïs s'en trouve tempéré. Ses arrangements financiers sont probablement quelque peu louches, car il prévient Anaïs de ne pas tirer d'argent directement sur son compte mais de s'organiser très à l'avance pour recevoir ses revenus de ses cousins Charlie ou Graciela sous forme de « cadeaux » qui lui seront payés en fonds pris sur ses comptes suisses. Il lui annonce qu'il vient juste de demander à Charlie de Cárdenas de lui câbler 4 000 dollars à Acapulco (...).

Le jour de Noël, Hugo écrit de nouveau de l'hôtel Nacional à La Havane pour dire qu'il part pour New York le lendemain afin de remettre sa démission.

Fait surprenant, Anaïs vit simplement malgré les revenus annuels somptueux offerts par Hugo qui, lui, voit grand. De passage à La Havane, il s'arrange pour que Tia Antolina envoie à Anaïs un « cadeau de quelque 50 000 dollars », l'appellation sibylline qu'il donne aux commissions sur les diverses transactions avec Charles de Cárdenas. Il dit à Anaïs de l'utiliser à sa guise car il est sûr de pouvoir le renouveler fréquemment. Il est content d'être à même de lui donner ce qu'elle veut, « à savoir un capital » qu'elle n'aura pas à partager avec lui. Le seul inconvénient, la prévient-il, c'est qu'elle devra désormais se montrer gentille envers sa tante et lui prêter attention car « techniquement » l'argent est un cadeau d'Antolina à Anaïs…

Pour Rupert elle invente une histoire compliquée : un divorce est en cours mais des difficultés concernant sa nationalité ont surgi et le processus est enrayé. Elle persuade Rupert qu'après presque trente-deux ans de mariage elle est toujours une résidente étrangère susceptible d'être déportée à n'importe quel moment par le gouvernement des États-Unis et que le divorce ne pourra être entériné qu'une fois qu'elle satisfera aux exigences des États-Unis, de Cuba et du Mexique en matière de résidence. Ce qui veut dire qu'elle doit quitter le territoire des États-Unis et y revenir plusieurs fois par an afin de garder son statut légal, ce qui lui donne aussi une bonne excuse pour aller au Mexique avec Hugo toutes les fois qu'elle en a envie.

Entre mensonges et vérités, Anaïs fut entretenue pendant des années par Hugo et aimée par Rupert qui l'adorait envers et contre tout, l'attendait pendant des mois, supportant sa double vie avec une grande patience. L'un représentait la stabilité, l'autre le désir. Ils étaient tous les deux faibles devant l'imposante présence d'une femme qui dans les Journaux et dans la réalité cohabitait avec des existences variées et fantasmées. Rupert Pole fut acteur à Broadway et vécut en Californie. Il resta l'exécuteur testamentaire d'Anaïs jusqu'à sa mort à quatre-vingt-sept ans, en 2006.

Le dernier voyage d'Anaïs à Cuba eut lieu en 1956 à la demande de Hugo. Elle eut beau se rendre à plusieurs reprises au cimetière Colón, elle ne put se recueillir sur la tombe de ses parents. Elle ne parvint pas à franchir la porte, cernée par les souvenirs, et même son intelligence ne put l'en délivrer.

La Havane de l'époque était une autre Havane et dans ses Journaux elle parle très peu de cette période. *Un moment où ma vie se partageait entre deux univers compliqués et ardents.*

En fait, le trésor et l'habileté de la famille s'unirent après avoir amassé un bon capital. L'argent de Hugo le banquier aurait pu fructifier bien davantage, mais les choses ne se passèrent pas telles qu'elles furent tout d'abord racontées ; et comme si cela ne suffisait pas, personne ne put prévoir ce qui allait arriver en janvier 1959.

D'après Deirdre :

Pendant ce temps, Hugo reconnaît que ses revenus se sont effondrés depuis l'accession au pouvoir de Castro. Il avait souvent par le passé prédit un avenir aux couleurs des plus sombres, mais cette fois-ci Anaïs sait que leur situation est précaire quand il lui ordonne de renoncer à sa « double vie ».

Et, pour pimenter le tout, Tia Antolina, patriote et révolutionnaire jusqu'à la moelle, qu'Anaïs appelait *« la plus incendiaire de toutes les Tias »*, remit morceau par morceau, pan par pan, chacun des biens familiaux. On leur confisqua quelques comptes à l'occasion du changement de monnaie dans le pays. Pour cette raison, la partie la plus sensible des Culmell, les Cárdenas, les Sánchez et toute la partie de la famille qui les précédait, déserta progressivement Cuba.

D'après Deirdre:

« Tandis que Castro opère en direction de La Havane une progression inexorable qui aboutit à la prise de pouvoir le 1er janvier 1959, les Archibald agissent rapidement pour mettre leurs avoirs à l'abri en utilisant Hugo comme intermédiaire. Mais ce sont eux qui prennent les décisions et ils ne le traitent guère mieux qu'un messager de haut rang et un conseiller de bas niveau. La famille Sánchez, (contrôlée maintenant par Bernabé, le frère aîné d'Eduardo), persuadée qu'elle est inviolable quel que soit le régime, ne fait pas grand-chose en dépit des avertissements de Hugo. Tia Antolina, la vieille et indomptable socialiste, les met tous

dans l'embarras en saluant Castro comme le sauveur du pays et en jurant de mettre toute sa fortune à sa disposition.

Comme l'avait prévu le banquier, cet argent resta dans le no man's land et Hugo retourna au point de départ seul, avec très peu d'argent en poche et une grande envie de commencer une nouvelle vie aux États-Unis.

Hugo Guiler meurt à New York en 1984 après avoir réussi, aussi bien dans le domaine des finances que dans celui du cinéma indépendant qui venait de naître à Hollywood. À l'étonnement d'Anaïs, qui enrageait quelque peu, Hugo sut se frayer un passage dans ce domaine, s'avérant être une révélation en tant que photographe, montrant une réalité qu'il connaissait bien grâce à l'auteur. Guiler sut capter l'imagination exaltée de l'art et de ses protagonistes.

Hugo meurt à New York sept ans après Anaïs. Les derniers jours, il fut soigné par son ex-beau-frère, le professeur Joaquín Nin Culmell, qui lui fut toujours très reconnaissant d'avoir financé ses études de piano à Paris, les plus importantes dans la carrière du concertiste. Grâce à Hugo, il put être l'élève de son grand maître, Manuel de Falla, ce que Joaquín ne devait jamais oublier.

L'auteur, quant à elle, avait pris des dispositions pour ne pas abandonner Hugo dans sa vieillesse. Elle lui devait tout ce qu'elle fut, y compris la minute où les éditeurs découvrirent en elle l'écrivain qu'elle devint plus tard pour des millions de lecteurs. La famille cubaine ne perdit jamais le contact avec Guiler et aujourd'hui sa signature réapparaît, à notre grande surprise, dans le registre d'état civil d'Arroyo Naranjo. Il appartient à jamais à la mémoire de l'Île.

Ni Hugo Guiler, ni Anaïs Nin, ni l'immense famille cubaine de l'auteur ne furent épargnés par l'évolution de l'état des choses le jour où Fidel Castro arriva au pouvoir. Par conséquent, les banques, les immeubles, les affaires et le monde cubain de chacun d'eux empruntèrent un chemin différent de ce qui avait été prévu. La famille se dispersa au point de ne plus se rassembler comme avant lors des anniversaires ou des fêtes de Noël.

Nous pouvons raconter aujourd'hui, au passé, le destin de cette famille cubaine qui finit par ne plus se trouver réunie que dans les Journaux d'Anaïs.

Table

LA COSMOPOLITE

(Collection créée par André Bay)

(Extrait du catalogue)

Kôbô ABE	*La femme des sables*
	La face d'un autre
	L'homme-boîte
Vassilis ALEXAKIS	*Talgo*
Jorge AMADO	*Tieta d'Agreste*
	La bataille du Petit Trianon
	Le vieux marin
	Dona Flor et ses deux maris
	Cacao
	Les deux morts de Quinquin-La-Flotte
Maria Àngels ANGLADA	*Le violon d'Auschwitz*
	Le cahier d'Aram
Reinaldo ARENAS	*L'assaut*
Sawako ARIOYOSHI	*Kae ou les deux rivales*

	Les années du crépuscule
James BALDWIN	*Si Beale Street pouvait parler*
	Harlem Quartet
Herman BANG	*Tine*
	Maison blanche. Maison grise
Julian BARNES	*Le perroquet de Flaubert*
	Le soleil en face
Mario BELLATIN	*Salon de beauté*
Karen BLIXEN	*Sept contes gothiques*
Ivan BOUNINE	*Le monsieur de San Francisco*
André BRINK	*Un turbulent silence*
	Une saison blanche et sèche
	Les droits du désir
Louis BROMFIELD	*La mousson*
Ron BUTLIN	*Appartenance*
Karel CAPEK	*La vie et l'œuvre du compositeur Foltyn*
Raymond CARVER	*Les vitamines du bonheur* suivi de *Tais-toi, je t'en prie* et *Parlez-moi d'amour*
Gabriele D'ANNUNZIO	*Terre vierge*
Kathryn DAVIS	*À la lisière du monde*
	Aux enfers
Federico DE ROBERTO	*Les princes de Francalanza*
Lyubko DERESH	*Culte*
Anita DESAI	*Un héritage exorbitant*
Tove DITLEVSEN	*Printemps précoce*
Monika FAGERHOLM	*La fille américaine*
Lygia FAGUNDES TELLES	*Les pensionnaires*
Kjartan FLØGSTAD	*Grand Manila*
Tomomi FUJIWARA	*Le conducteur de métro*

Horst Wolframm GEISZLER	*Cher Augustin*
Alberto GERCHUNOFF	*Les gauchos juifs*
Robert GRAVES	*King Jesus*
Wendy GUERRA	*Tout le monde s'en va*
	Mère Cuba
	Poser nue à La Havane
Farjallah HAÏK	*L'envers de Caïn*
	Joumana
Mark HELPRIN	*Conte d'hiver*
Hermann HESSE	*Demian*
E.T.A. HOFFMANN	*Les élixirs du diable*
Yasushi INOUÉ	*Le fusil de chasse et autres récits*, édition intégrale des nouvelles de l'auteur publiées dans la Cosmopolite
	Histoire de ma mère
	Les dimanches de Monsieur Ushioda
	Paroi de glace
	Au bord du lac
	Le faussaire
	Combat de taureaux
	Le Maître de thé
	Pluie d'orage
Jens Peter JACOBSEN	*Niels Lyhne*
Henry JAMES	*L'autel des morts* suivi de *Dans la cage*
	Le regard aux aguets
Tania JAMES	*L'atlas des inconnus*
Eyvind JOHNSON	*Le roman d'Olof*

Ismaïl KADARÉ	*La ville sans enseignes*
Yoram KANIUK	*Adam ressuscité*
	Confessions d'un bon Arabe
Jack KEROUAC	*Maggie Cassidy*
Ken KESEY	*Vol au-dessus d'un nid de coucou*
Pär LAGERKVIST	*Le nain*
	Le bourreau
	Barabbas
Selma LAGERLÖF	*L'anneau du pêcheur*
	Jérusalem en terre sainte
	L'empereur du Portugal
Eduardo LAGO	*Appelle-moi Brooklyn*
	Voleur de cartes
D.H. LAWRENCE	*Île mon île*
Sinclair LEWIS	*Babbitt*
LUXUN	*Le journal d'un fou*
Thomas MANN	*Tonio Kröger*
	La mort à Venise
Katherine MANSFIELD	*Nouvelles*
	Lettres
	Cahier de notes
Trude MARSTEIN	*Faire le bien*
Predrag MATVEJEVITCH	*Entre asile et exil*
Carson MCCULLERS	*Le cœur est un chasseur solitaire* suivi de *Écrivains, écriture et autres propos*
	Le cœur hypothéqué
	Frankie Addams
	La ballade du café triste
	L'horloge sans aiguilles
	Reflets dans un œil d'or

Gustav MEYRINK	*Le Golem*
Henry MILLER	*Tropique du Capricorne*
	Un dimanche après la guerre
	Entretiens de Paris
	Virage à 80
	Tropique du Cancer suivi de *Tropique du Capricorne*
Henry MILLER / Anaïs NIN	*Correspondance passionnée*
Antonio MONDA	*Le goût amer de la justice*
Vladimir NABOKOV	*Don Quichotte*
	Austen, Dickens, Flaubert, Stevenson
	Proust, Kafka, Joyce
	Gogol, Tourgueniev, Dostoïevski
	Tolstoï, Tchekhov, Gorki
Nigel NICHOLSON	*Portrait d'un mariage*
Anaïs NIN	*Les miroirs dans le jardin*
	Les chambres du cœur
	Une espionne dans la maison de l'amour
	Henry et June
	Journaux de jeunesse 1914-1931
Joyce Carol OATES	*Eux*
	Bellefleur
	Blonde
	Confessions d'un gang de filles
	Nous étions les Mulvaney
	La Fille tatouée
	La légende de Bloodsmoor
Kenzaburo OÉ	*Une affaire personnelle*
Sofi OKSANEN	*Purge*

OLIVIA	*Olivia par Olivia*
O. HENRY	*New York tic-tac*
Robert PENN WARREN	*La grande forêt*
Jia PINGWA	*La capitale déchue*
Ruth PRAWER JHABVALA	*La vie comme à Delhi*
Lucía PUENZO	*L'enfant poisson*
Thomas ROSENBOOM	*Le danseur de tango*
Arthur SCHNITZLER	*Madame Béate et son fils*
	La ronde
	Mademoiselle Else
	La pénombre des âmes
	Vienne au crépuscule
	Mourir
	L'étrangère
Mihail SEBASTIAN	*Journal 1935-1944*
Isaac Bashevis SINGER	*Le magicien de Lublin*
	Shosha
	Le blasphémateur
	Yentl et autres nouvelles
	L'esclave
	Le beau monsieur de Cracovie
	Un jeune homme à la recherche de l'amour
	Le manoir
	Le domaine
	La couronne de plumes et autres nouvelles
	Satan à Goray
Muriel SPARK	*Le pisseur de copie*
Saša STANIŠIĆ	*Le soldat et le gramophone*
Sara STRIDSBERG	*La faculté des rêves*

Junichiro TANIZAKI	*Deux amours cruelles*
Rupert THOMSON	*L'église de Monsieur Eiffel*
Carl Frode TILLER	*Encerclement*
Léon TOLSTOÏ	*La mort d'Ivan Ilitch* suivi de *Maître et serviteur*
Ivan TOURGUENIEV	*L'abandonnée*
	Dimitri Roudine
	L'exécution de Troppmann et autres récits
B. TRAVEN	*Le visiteur du soir*
Magdalena TULLI	*Le défaut*
Anne TYLER	*Toujours partir*
	À la recherche de Caleb
	Le voyageur malgré lui
	Le déjeuner de la nostalgie
	Le compas de Noé
Fred UHLMAN	*La lettre de Conrad*
	Il fait beau à Paris aujourd'hui
Sigrid UNDSET	*Olav Audunssøn*
	Kristin Lavransdatter
	Vigdis la farouche
	Printemps
Birgit VANDERBEKE	*Le dîner de moules*
Ernst Emil WIECHERT	*La servante du passeur*
Oscar WILDE	*Intentions*
	De profundis
	Nouvelles fantastiques
	Le procès d'Oscar Wilde
Christa WOLF	*Scènes d'été*
	Incident
	Trois histoires invraisemblables

Cassandre
Médée
Aucun lieu. Nulle part
Trame d'enfance

Virginia WOOLF

La chambre de Jacob
Au phare
Journal d'adolescence
Journal intégral 1915-1941
Instants de vie
Orlando

Kikou YAMATA

Masako
La dame de beauté

Stefan ZWEIG

Nietzsche
Vingt-quatre heures de la vie d'une femme
Le joueur d'échecs
La confusion des sentiments
Amok
Lettre d'une inconnue

Pour l'éditeur, le principe est d'utiliser des papiers composés de fibres naturelles, renouvelables, recyclables et fabriquées à partir de bois issus de forêts qui adoptent un système d'aménagement durable.

En outre, l'éditeur attend de ses fournisseurs de papier qu'ils s'inscrivent dans une démarche de certification environnementale reconnue.

Cet ouvrage a été composé
par PCA à Rezé (Loire-Atlantique)
et achevé d'imprimer en janvier 2011
sur presse rotative numérique
par DUPLI-PRINT
à Domont (95)
pour le compte des Éditions Stock
31, rue de Fleurus, 75006 Paris

Imprimé en France

Dépôt légal : janvier 2011
N° d'édition : 02 – N° d'impression : 166857
54-08-6600/8